CHOIX DES TYPES

LES PLUS REMARQUABLES

DE

L'ARCHITECTURE AU MOYEN-AGE

DANS LE DÉPARTEMENT DE LA GIRONDE,

DESSINÉS A L'HOMOGRAPHE ET GRAVÉS A L'EAU-FORTE ;

PAR LÉO DROUYN.

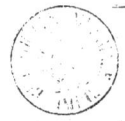

DÉDIÉ

A LA COMMISSION DES MONUMENTS HISTORIQUES

DU DÉPARTEMENT DE LA GIRONDE.

DEUXIÈME SÉRIE,

CONSACRÉE PRINCIPALEMENT AUX MONUMENTS MILITAIRES.

1.re Livraison.

PR DE LA LIVRAISON, composée de 5 Planches et d'une feuille de texte (quatre pages) : 5 FRANCS.

ON S'ABONNE,

BE { L'AUTEUR, Rue de Gasc, 143.
{ GAUTIER, marchand de couleurs, Fossés de l'Intendance, 53.

BORDEAUX,— IMPRIMERIE DE TH. LAFARGUE.
1845.

NOMS DES SOUSCRIPTEURS.

MM. Le Duc DECAZES, Grand-Référendaire de la Chambre des Pairs.
    Le Baron SERS, Préfet de la Gironde, Pair de France.
    GUESTIER Junior, Pair de France.
    Le Marquis De LAGRANGE, Député, Membre du Comité Historique des Arts et Monuments.
    WUSTENBERG, Député.
    Le Marquis De CASTELBAJAC, Lieutenant-Général, Commandant la 11me Division Militaire.
    Mgr. DONNET, Archevêque de Bordeaux.
    F. LEROY, Préfet de l'Indre.
    Louis SERS, Auditeur au Conseil d'État.
    DUFFOUR–DUBERGIER, Maire de Bordeaux.
    La Bibliothèque de la ville de Bordeaux.
    La Mairie de Bordeaux, (*Bureau des plans*).
    L'Académie de peinture de Bordeaux.
    Le Vicomte D'ARMAGNAC, Lieutenant-Général.
    GAUVRY, Conseiller à la Cour Royale de Bordeaux.
    DESCHAMPS, Ingénieur en chef des Ponts et Chaussées.
    BOUCHEREAU, Conseiller de Préfecture de la Gironde.
    RUELLE, Directeur des Contributions Indirectes.
    Le Comte de MONBADON.
    RABANIS, Doyen de la Faculté des Lettres, Président de la Commission des Monuments Historiques du département de la Gironde.
    GAUTIER, Adjoint du Maire de Bordeaux, Vice-Présid. de la Commis. des Monum. Hist.
    DOSQUET, Secrétaire-Général de la Préfecture de la Gironde, Membre de la Comm. des Monum. Hist.
    DUPHOT, Architecte, Membre de la Commission des Monuments Historiques du Département.
    De LAFORRE, Ingénieur en chef des Ponts et Chaussées, Membre de la Comm. des Monum. Hist.
    JAQUEMET, Ingénieur des Ponts et Chaussées, Membre de la Comm. des Monum. hist.
    THIAC, Architecte du département, Membre de la Comm. des Monum. Hist.
    ROBERT, Chef de Division à la Mairie de Bordeaux, Corresp. de la Commis. des Monum. Hist.
    L'Abbé CIROT, aumônier du Sacré-Cœur, Chanoine-Honoraire, Corresp. de la Comm. des Monum. Hist.
    GRELET (CHARLES), Corresp. de la Comm. des Monum. Hist.
    FERBOS Fils, Correspondant de la Comm. des Monum. Hist.
    De SAINT-AMANT, de l'Académie Royale des Antiquaires de France.
    ALAUX, Directeur de l'Académie de peinture de Bordeaux.
    DIDRON, Secrétaire du Comité Historique des Arts et Monuments.
    CHARLES DES MOULINS, Membre de la Société Archéologique Française.
    JULES DELPIT.
    Le Comte De LACHASSAIGNE.
    Le Comte De KERCADO.
    Le Comte De LA MYRE–MORY.
    De MONTBRUN.
    BUHAN, Avocat à Libourne.
    COUREAU Fils aîné, Ingénieur–Architecte.
    BERDOLY, Ingénieur civil.
    DANJOU, Ingénieur-civil.
    BERTRAND (HENRI).
    BURGUET, Architecte.
    GIRARD, Architecte.
    VALENCE, Architecte.
    PERRIER, Entrepreneur de constructions.
    Mme BOSC.
    CHAUMET, Docteur-Médecin.
    DOUILLARD.
    DUBOIS d'Izon.
    DUCOURNEAU, Négociant.
    DELBOS, ancien Président du Tribunal de Commerce de Bordeaux.

NOMS DES SOUSCRIPTEURS, (suite).

MM. GASCHET.
De GERVAIN.
GAUTIER, Marchand de tableaux à Bordeaux.
EYRINIAC, Maire de Bergerac.
HOURQUEBIE (Victor).
LALANNE, Notaire.
LAFITTE, Négociant.
LEGRIS DE LASSALLE.
LANCELIN, professeur à l'École d'Hydrographie.
MONSET, Courtier de marchandises
MUTEL, Notaire à Cadillac.
NOAILLES aîné, Avoué.
HOVYN DE TRANCHÈRE.
Mme PETERSEN.
PÉRY, Notaire.
PASCAULT (Léopold), Avoué.
ROBERT, ancien Avoué à Libourne.
L'Abbé De SOISSONS, Curé de Saint-Seurin.
L'Abbé SOUYRI, Curé de Sainte-Eulalie.
L'Abbé FELLETIN, Curé de Cantenac.
L'Abbé BORNET, Chanoine de l'Église Saint-André.
THOMSON, Négociant.
De VASSAL.
VIGNAL.
PICHEVIN, Négociant.
DUPUY, de Créon.
Camille de CAUSSÉ.
WASSELIN, Notaire à Paris.
D'ACOSTA, Directeur de la Compagnie du gaz.
DUFOUSSAT, Avocat à Libourne.
PASCAL, Entrepreneur de constructions.
ORVILLE, Intendant militaire, à Bordeaux.
Mlle MAYDIEU, à Cadillac.
L'abbé NOAILLES, Chanoine-Honoraire.
FOREST, Libraire, à Nantes.

TABLE MÉTHODIQUE DE LA PREMIÈRE SÉRIE.

		Pages.
1.º Portail de l'église de Cérons.		20
2.º Portail de l'église de Gabarnac.		9
3.º Façade de l'ancienne église d'Aubiac.		5
4.º Abside de l'église de Saint-Loubès.		8
5.º Portail de l'église Saint-Genès de Lombaud.		14
6.º Portail de l'église de Haux.		21
7.º Façade de l'église de Loupiac de Cadillac.		13
8.º Chapiteaux de l'église de Bouliac.		15
9.º Façade de l'église Sainte-Croix, à Bordeaux.		10
10.º Abside et clocher de l'abbaye de La Sauve.		3
11.º Côté septentrional du chœur de l'ancienne église de l'abbaye de La Sauve.		24
12.º Portail de l'église de Lugagnac.		24
13.º Vue générale de l'église de Blazimont.		19
14.º Portail de cette église.		19
15.º Porte de la Crypte monolithe de Saint-Emilion.		14
16.º Façade de l'église collégiale de Saint-Émilion.		7
17.º Façade de l'église de Saint-Macaire.		4
18.º Portail de l'église de Bazas.		16
19.º Porte méridionale de l'église Saint-Michel, à Bordeaux.		12
20.º Porte de l'ancienne chapelle de l'hôpital Saint-André, à Bordeaux.		6
21.º Portail de l'église de Saint-Loubès.		9
22.º Cloître de l'église collégiale de Saint-Émilion.		23
23.º Tombeau dans l'église Sainte-Croix, à Bordeaux.		22
24.º Siège épiscopal dans l'église Saint-Seurin.		24
25.º Croix dans le cimetière de Saint-Sulpice d'Izon.		6

DEUXIÈME SÉRIE.

LA PREMIÈRE LIVRAISON CONTIENT LES SUJETS SUIVANTS :

1.º Château de Budos.
2.º Château de Blanquefort.
3.º Abside et clocher de l'église d'Uzeste.
4.º Château de Villandraut.
5.º Détails pris dans les ruines de La Sauve.

LA DEUXIÈME LIVRAISON CONTIENDRA LES SUJETS SUIVANTS :

1.º Château de Benauge.
2.º Château de Roquetaillade (ensemble).
3.º *Idem.* (Donjon).
4.º Abside de l'église Saint-André à Bordeaux et clocher Pey-Berland.
5.º Façade nord de cette Cathédrale.

M. Léo Drouyn entreprend la publication d'une nouvelle et dernière série de planches gravées à l'eau forte représentant les plus beaux monuments du département de la Gironde. L'architecture militaire du moyen-âge a laissé de si beaux vestiges sur ce sol, qu'il a cru qu'on lui saurait gré de parcourir les principaux châteaux-forts du pays, et de compléter en même temps ses études sur l'architecture religieuse. Le titre de l'ouvrage subit donc, à partir de ce moment, une modification ; ce travail ne reproduit plus seulement un choix des types les plus remarquables de l'architecture religieuse du moyen-âge dans la Gironde, mais un choix des types les plus remarquables de l'architecture en général, *pendant cette période, en se renfermant toujours dans la même circonscription.*

L. DE LAMOTHE.

CHATEAU DE BLANQUEFORT.

ARRONDISSEMENT DE BORDEAUX.

Le château de Blanquefort est un de ceux du pays dont le plan est le plus complet. Quelques personnes croient que la légère élévation sur laquelle il est placé n'est autre chose qu'un tumulus ; on croit aussi reconnaître des briques romaines dans les parties inférieures des murs du château; et un chapiteau en marbre blanc de style corinthien est déposé à quelques pas, sur les bords de la jalle de Blanquefort. Le donjon de ce château était formé d'une enceinte rectangulaire, avec pans coupés à l'intérieur, et défendue par six tours, savoir : une à chaque angle et une appliquée contre le milieu des grandes faces. Aujourd'hui trois de ces tours et un fragment d'une quatrième sont seulement debout. Une deuxième enceinte délimite la basse-cour de forme polygonale, se rapprochant de l'ovale et offrant vingt-deux faces ; ce second mur est protégé par neuf tours de même hauteur que les courtines et de dimensions différentes entre elles, mais dont une principalement, ouverte à l'intérieur, s'élève sur une base beaucoup plus vaste que les autres. Un large fossé, alimenté par les eaux de la jalle, entoure ces constructions, dans lesquelles on pénètre par un pont moderne placé au *sud-est*. Le pont-levis, qui occupait anciennement cette place, était défendu par deux tours; les dispositions intérieures de celle de droite indiquent clairement un corps-de-garde.

Dimensions de la cour intérieure du donjon, 16 mètres sur 8 mètres environ ; dimensions hors d'œuvre des tours liées à cette première enceinte, 9 mètres 50 centimètres ; la forme, comme les dimensions intérieures, varient ; les unes sont rondes, les autres carrées.

L'emplacement de la porte d'entrée du corps de logis est assez difficile à fixer ; cependant l'arcade, qui relie les deux premières tours du côté *sud-ouest* et qui remplissait probablement les fonctions d'un machicoulis, nous paraît indiquer que la porte s'ouvrait entre ces deux tours.

L'enceinte extérieure mesurée dans œuvre offre dans sa plus grande longueur 56 mètres, et dans sa plus grande largeur 46 mètres. La grande tour que nous avons mentionnée offre un diamètre extérieur de 16 mètres.

Ces diverses parties sont aujourd'hui en ruine ; le couronnement du mur a disparu ; à peine peut-on reconnaître les dispositions intérieures des tours : quelques-unes étaient élégamment décorées ; la tour de l'angle sud renfermait la chapelle. Mais ce qui frappe le plus l'attention, lorsqu'on visite ces ruines, c'est l'aspect grandiose de leurs masses imposantes qui vous reporte au milieu de la vie féodale et qui retrace si bien l'état de richesse et de force d'une classe privilégiée.

Dans un chapitre relatif à la seigneurie et à la juridiction de Blanquefort (*Variétés Bordelaises*, t. 3, p. 254), l'abbé Baurein entre dans de longs détails sur une contestation qui existait vers le milieu du XIII° siècle entre la dame Thalésie, dame de Lamarque et Pierre Bertrand de Blanquefort, au sujet de la propriété de cette seigneurie. Les lettres patentes expédiées le 26 octobre 1255, par Édouard Ier, alors duc d'Aquitaine, et plus tard roi d'Angleterre, à Etienne Longuépée, sénéchal de Gascogne, dans le but de mettre un terme à ces différents, réservent « la somme en argent « qui paraissait due à Bertrand de Blanquefort, et qu'on prétendait avoir été employée aux fortifica- » tions du château de cette seigneurie. » On s'est cru avec raison en droit de conclure de ce passage que le château actuel, qui en a remplacé un plus ancien, datait de la première moitié du XIII° siècle.

Quoique les recherches de l'abbé Baurein sur la seigneurie de Blanquefort aient été complétées sur quelques points par les auteurs de la *Guienne Historique et Monumentale*, on ne peut former une liste suivie des anciens possesseurs de cette seigneurie. La famille de Durfort est celle qui la posséda le plus long-temps. Gaillard de Durfort, qui en était seigneur, lors de la prise de la Guienne par Charles VII, passa alors en Angleterre, et vit ses possessions confisquées par le roi de France au profit d'Antoine de Chabannes, comte de Dampmartin. Cette donation porte tous les caractères d'une restitution, circonstance dont on ne sera pas étonné, lorsqu'on saura que Blanquefort avait précédemment appartenu à la famille de Nanteuil, dont la femme d'Antoine de Chabannes était héritière. Mais bientôt Gaillard de Durfort rentra dans ses biens; en 1480, il portait le titre de seigneur de Blanquefort, et cette famille possédait encore cette seigneurie au XVIII° siècle.

Le château de Blanquefort fut témoin d'un fait d'armes à l'époque des guerres de religion. En 1562, les protestants s'en emparèrent; mais ils furent bientôt chassés par le sieur de Sygnan, capitaine des gens de l'entre-deux-murs.

ABSIDE ET CLOCHER DE L'ÉGLISE D'UZESTE.

ARRONDISSEMENT DE BAZAS.

GOTHIQUE FLEURI.

La commune d'Uzeste, dans le canton de Villandraut, donna naissance, selon les chroniques de Bazas, à Bertrand de Goth, promu en 1300 à l'archevêché de Bordeaux, en 1305 à la papauté sous le nom de Clément V, et si malheureusement célèbre par le procès des Templiers. Cette origine expliquerait comment une église collégiale, c'est-à-dire une institution réservée d'ordinaire à des localités importantes, fut jetée au milieu de ces landes arides et presque désertes, et pourquoi ce même pape voulut qu'après sa mort ses restes fussent transportés dans ce sanctuaire.

L'église d'Uzeste est digne, par le luxe de son architecture, de l'homme puissant qui fit ériger le chœur de Saint-André. Une nef avec des bas-côtés qui contournent le sanctuaire; deux lignes de huit piliers chacune, quatre à section circulaire, les autres ayant quatre, six, ou huit colonnes engagées et supportant une voûte ogivale à nervures saillantes; des contreforts peu prononcés; les fenêtres, qui avoisinent le chœur, ogivales, disposées généralement une entre chaque soutien, et partagées en deux compartiments avec trèfle au-dessus, les autres ouvertures très-allongées et en forme de meurtrières; un transsept peu prononcé; le chœur s'élevant au-dessus des autres parties sous la forme d'une tour hexagonale, contrebutée par des arcs rampans, couronnée d'une galerie, et décorée sur chaque face d'une fenêtre semblable à celles de l'abside; enfin, un clocher quadrilatère placé contre la face septentrionale du transsept et d'une hauteur totale de 52 mètres; telles sont les dispositions principales de ce monument, qui présente en résumé trois styles différents; 1° faces des nefs caractérisées par les contreforts aplatis, des fenêtres en meurtrières; c'est le commencement du XIII° siècle, la fin de l'époque romane; 2° chœur et ensemble des voûtes; c'est l'époque de Clément V, le commencement du XIV° siècle; 3° clocher; c'est l'époque du dernier gothique fleuri. Mentionnons en passant quelques restes de peinture vers l'extrémité orientale du bas-côté nord.

Dans œuvre, cette église a les dimensions suivantes : longueur totale, 37 mètres 75 centimètres; largeur, 17 mètres, sur laquelle la grande nef occupe 7 mètres 60 centimètres; largeur du transsept, 19 mètres.

Le dessin représente principalement les deux dernières parties que nous venons de mentionner, l'abside et le clocher. Les croisées inférieures éclairent la nef des bas-côtés; celles au-dessus indiquent l'élévation plus grande du sanctuaire; à droite, le clocher, qui se compose d'abord d'une tour formée d'un soubassement et de deux étages en retrait, terminés tous les deux par des galeries; le premier étage est percé d'une fenêtre sur chaque face; le deuxième de deux fenêtres : au-dessus s'élève une flèche hexagonale, fleuronnée sur les angles, dont le pied est accompagné de quatre pyramides, et percée d'un rang de fenêtres à la base, une sur chaque face, puis de quatre rangs superposés d'ouvertures trilobées. Un autel extérieur est appuyé contre le flanc méridional du chevet.

L'établissement du clocher remonte à l'époque de la construction du chœur de l'église, mais il a été remanié, sinon reconstruit, à une époque postérieure; le style des meneaux des fenêtres et de presque tous les ornements appartient à l'ogive flamboyante. En 1577, cette église souffrit beaucoup, par suite des guerres de religion; le clocher, comme un des points les plus forts, aura sans doute donné asile à quelque parti qui s'y sera vigoureusement défendu; rétabli quelques années après, on ne sut imiter qu'imparfaitement, et on exécuta cette restauration dans un style alors un peu vieilli, mais qui ne remontait pas cependant à l'époque du chœur de l'église.

Une petite construction masque la partie inférieure du monument; c'est la sacristie, à la suite de laquelle vient une salle, dite *salle du trésor*.

Les portails de l'église d'Uzeste sont peu développés; nous citerons cependant le joli bas-relief placé au-dessus de la porte méridionale de la nef et représenté dans un des angles de la planche. Le tympan est divisé en deux scènes : la partie inférieure fort dégradée et méconnaissable; au-dessus, la vierge dans le ciel, à la droite de son fils; un ange est agenouillé à chaque extrémité du tableau, dont le sommet est occupé par deux autres anges. Les voussures sont aussi ornées d'un rang d'anges turiférères et d'une guirlande de feuilles de vignes.

Enfin, nous mentionnerons deux tombeaux dans l'église d'Uzeste : celui en marbre du pape Clément V, et un autre tombeau à gauche du chœur, où l'on croit que reposent les cendres du cardinal Bertrand de Goth, neveu du pape. Une statue mutilée de chevalier recouvre cette dernière tombe. En 1823, M. Jouannet trouva cette statue laissée à l'abandon dans un coin de l'église. A-t-on bien observé la fidélité historique, en la plaçant sur ce tombeau ?

Le tombeau de Clément V, qui occupait autrefois le milieu du chœur, est aujourd'hui relégué dédaigneusement dans un des redans formés par le transsept : « Ce tombeau, disent les chroniques » de Bazas, a été changé de place; il est aujourd'hui adossé au mur du midi de l'église, près de la » porte. » Il est en outre dans un état affligeant de mutilation. Le jaspe, l'albâtre et le marbre blanc *richement élaboré*, qui, d'après Delurbe, ornaient ce mausolée, ont, sans doute, disparu en 1568 dans les guerres de religion; on voit sur les faces, les trous qui servirent à fixer ces riches placages; la tête de la statue est séparée du tronc; mais les cendres du pape ne furent pas profanées : la Commission des Monuments historiques a mentionné, dans son dernier rapport annuel, un procès-verbal d'enquête dressé, le 2 juillet 1845, par le maire d'Uzeste, afin de constater qu'en 1805 ce tombeau fut ouvert par ordre de l'autorité, qui s'assura qu'il contenait intacts les restes, et le fit refermer avec soin.

Autour de ce mausolée, on lit une inscription que trois auteurs, MM. Lopes, Bernadau et O'Reilly ont reproduite, mais tous trois avec des variantes. Nous devons le texte suivant à l'obligeance de M. l'abbé Jaucourt, curé de Noaillan, qui a bien voulu lever cette inscription, avec M. l'abbé Laville, en vue de notre publication :

HIC : JACET : FELICIS : RECORDATIONIS : DNS : CLEMES : PP : V : FUDATOR : ECCLIARU : DE : USESTA : ET : DE : VIHEDRAUDO : Q : OBIIT : APD : RUPPE : MAURA : NEMAUSEN : DYOC : DIE : XX : APLIS : PÕTIFICAT : SUI : ANNO : IX : PORT : VERO : AD : IST : ECCLESIA : UTE : M : DIE : XXVII : AUGUSTI : ANNO : DNI : M : CCC : XIIII : ET : SEPULTS : D : M : CCC : LIX :

Hic jacet felicis recordationis dominus Clemens papa V, *fundator ecclesiarum de Usesta et de Vinhendraudo, qui obiit apud ruppem mauram, Memausensis diocesis, die* xx *aprilis, pontificatûs sui anno* ix; *portatus vero ad istam ecclesiam beatæ mariæ, die* xxvii *augusti, anno domini* m ccc xiiii, *et sepultus die* m ccc lix.

Trois mots restent encore : tuc pxia seqnti ; mais le dérangement des pierres, qui a occasionné celui des mots, met dans l'incertitude sur la place qu'il faut assigner dans le texte ci-dessus à ces trois mots, et par suite sur leur véritable sens.

CHATEAU DE BUDOS.

ARRONDISSEMENT DE BORDEAUX.

Le plan de ce château est un rectangle de 53 mètres 40 centimètres de longueur sur 43 mètres 77 centimètres de largeur, dans œuvre, dont les angles sont défendus par des tours d'une élévation de 20 mètres, crénelées au sommet, percées de meurtrières dans la partie inférieure. Trois sont rondes à l'intérieur et à l'extérieur; elles ont à peu près 8 mètres de diamètre hors d'œuvre. La tour sud-ouest est octogone à l'extérieur : le cercle inscrit à la ligne extérieure a 6 mètres de diamètre; l'intérieur est circulaire et a 3 mètres 50 centimètres de diamètre. Ces diverses tours sont percées, au-dessous des créneaux qui les couronnent et entre leurs découpures, de trous carrés, destinés à soutenir des *hourds*.

La porte d'entrée, placée à peu près au milieu de la face *est*, s'ouvre sous un massif quadrilatère, saillant à l'extérieur, d'une largeur de 9 mètres en façade et surmonté de machicoulis reliés par des arcs trilobés : à partir de cette hauteur, ce massif perd de sa largeur, qui se réduit à 5 mètres 20 centimètres.

Son intérieur offrirait des dispositions bien curieuses à étudier en détail : la herse descendait entre le tablier du pont-levis servant de première porte, et une deuxième porte intérieure; de chaque côté, deux autres petites portes débouchaient sur la plongée des fossés; enfin la communication avec la cour était encore interrompue, à l'autre extrémité du passage, par une troisième porte, en face de l'entrée principale.

Les trois autres côtés du château étaient protégés au milieu par une tour quadrilatère crénelée, saillante sur la cour; et un large fossé creusé dans le roc enveloppait ce rectangle, en décrivant les sinuosités des tours.

A 40 mètres environ du bord extérieur du fossé, un peu à droite du massif qui couvre la porte d'entrée, on remarque quelques fondations qui sont sans doute les restes d'un ouvrage avancé, d'une barbacane probablement.

La Chronique de Bordeaux, par Delurbe, nous donne la date de la construction de ce château. Le passage suivant correspond à l'année 1306 : « Sous le pontificat de ce pape (Clément V), ou ez environs, ont été bâtis en Bordelois plusieurs forts châteaux, tant par lui que par les cardinaux de sa suite, comme les châteaux de Villandraut, *de Budos*, sur la rivière du Siron, et de Roquetaillade, de Castets, de Landiras, de La Trau et de La Brède, et plusieurs autres que l'injure du temps a ruiné. »

Raymond-Guillaume de Budos, ajoute l'abbé Baurein, est qualifié, dans un titre du 21 octobre 1317, de *noble Bars lo senhor na Ramond Guilhem de Budos, cavoir, senhor deu deyt loc.*

Ce Raymond de Budos était neveu de Clément V, et Edouard II, roi d'Angleterre, lui accorda la haute et basse justice avec tous les droits royaux, dans la paroisse de Budos. (Rôles Gascons, t. 1, p. 56).

Les préparatifs, qui furent faits à Bordeaux en 1421, pour aller assiéger ce château, sont racontés avec détail par le même écrivain, par l'abbé Baurein. André de Budos avait abandonné le parti du roi d'Angleterre et s'était jeté du côté de la France. Les troupes du roi d'Angleterre, celles de la ville furent réunies et se mirent en marche, suivies de deux canons et d'une bombarde qui lançait des boulets de 700 livres. A la vue de ces préparatifs formidables, le seigneur de Budos jugea prudent d'entrer en accommodement : il persista à refuser *de se faire anglais* ; mais il offrit son fils en ôtage dans les mains du roi, de même que le lieu de Budos, sous la condition que la terre vendue par son père, pour le service du roi, lui serait restituée ; ces propositions paraissent avoir été acceptées par la commune de Bordeaux et par le sénéchal du roi d'Angleterre.

Le château n'eut donc pas à souffrir de ces différents ; mais l'esprit des siècles modernes lui a été plus funeste. Déjà démantelé par la cupidité et l'ignorance, ce monument aura bientôt complètement disparu, si l'autorité n'intervient pour faire respecter ce beau débris de l'architecture féodale.

CHATEAU DE VILLANDRAUT.

ARRONDISSEMENT DE BAZAS.

Il est peu de personnes qui ignorent que la fondation de ce monument fut l'œuvre de Clément V, dont la famille était originaire de Villandraut ; plusieurs chartes de ce pape sont datées de cette résidence. La date de ces constructions est donc fixée avec certitude ; elles appartiennent au commencement du XIVe siècle.

Un rectangle de 47 mètres 50 centimètres, sur 39 mètres dans œuvre, flanqué à ses quatre angles d'une tour de 11 mètres 50 centimètres de diamètre et de 27 mètres de hauteur ; la porte placée au milieu de la face sud et défendue par deux tours de même dimension que les précédentes ; des fossés carrelés, profonds de 7 mètres, larges de 20, et dont la contrescarpe verticale en maçonnerie répète les contours des remparts ; tel est l'ensemble de ce beau château, dont le crayon ne peut exprimer que bien imparfaitement l'aspect majestueux, rendu peut-être encore plus saisissant par son état de ruine.

Aujourd'hui les dispositions intérieures sont souvent méconnaissables ; cependant on reconnaît encore aisément divers détails de construction.

La porte fut double ; elle forme une allée de 11 mètres. L'intérieur de la face principale présente une galerie portée sur cinq arcades qui mettaient en communication les quatre tours de ce côté, galerie dont les arcs surbaissés, les piliers rectangulaires désignent, selon nous, une époque postérieure à celle du château.

Deux corps de logis, d'une largeur de 8 mètres, composés d'un rez-de-chaussée et d'un premier étage, étaient adossés à l'intérieur contre les petits côtés du rectangle. Quelques restes de décors assez élégants font supposer que les appartements de Clément V étaient sur le côté gauche.

La face intérieure, vis-à-vis la porte d'entrée, servait aussi probablement d'appui à un autre corps de logis qui est sans doute indiqué par des naissances de murs et par des restes de cheminées. On y remarque une porte ogivale, très-étroite, très-basse, à laquelle ne paraît s'être jamais rattaché un pont-levis, mais tout au plus un pont en bois que l'on pouvait facilement détruire aux approches d'un siége. Ces diverses dispositions réduisaient les dimensions de la cour intérieure à 29 mètres 50 centimètres sur 24 mètres 50 centimètres.

Les tours, circulaires, avons-nous dit, à l'extérieur, sont hexagonales à l'intérieur du rez-de-chaussée ; le diamètre du cercle circonscrit est de 6 mètres ; trois côtés présentent dans presque toutes ces tours un renfoncement rectangulaire se terminant en longues meurtrières en croix, évasées à l'intérieur. L'épaisseur des murs est de 2 mètres 70 centimètres. Les deux autres étages sont circulaires à l'intérieur comme à l'extérieur. Partout, les voûtes sont ogivales et à nervures saillantes. Chaque tour possède son escalier à vis placé dans le massif des murs, du côté de la place. Une d'elles offre une ouverture carrée, qui donne accès à une sorte de cave.

Les fossés étaient alimentés par l'eau d'une source qui se déversait dans le Ciron, et dont les conduits sont aujourd'hui obstrués; le pavage du fossé a de même disparu sous une couche de terre assez épaisse pour avoir permis à une végétation luxuriante de s'y développer. La tradition et les souvenirs des vieillards affirment qu'il existait au-delà des fossés une nouvelle enceinte avec échauguettes aux angles.

Sur les derrières du château étaient des bois d'agrément; hors du bourg et près du Ciron, une fontaine, que l'on appelle toujours *fontaine du pape*, jaillit du sol sous une voûte en cul de four, qui nous paraît aussi remonter à l'époque de la construction du château.

La seigneurie de Villandraut sortit, peu de temps après Clément V, des mains de la famille de Goth, et passa, par l'effet du testament de Régine, comtesse d'Armagnac, fille d'un neveu de Clément V, dans la maison de Durfort-Duras, dans la personne d'Aymeric de Durfort, qui reçut en même temps les seigneuries de Duras et de Blanquefort. En 1624, ce château était la propriété de la famille de Lalande, et en 1789, il fut vendu à M. de Pons.

Les ligueurs s'emparèrent du château de Villandraut en 1593; le maréchal de Matignon vint l'assiéger; mais il ne put s'en rendre maître qu'après avoir tenté deux assauts et avoir ouvert une large brèche avec le canon. La dernière tour de la façade à droite n'a pas été relevée depuis ce moment.

CHAPITEAUX DE L'ÉGLISE DE L'ABBAYE DE LA SAUVE

ARRONDISSEMENT DE BORDEAUX.

STYLE ROMAN.

Dans un premier article, nous avons résumé les traits principaux que présente l'histoire du monastère de la grande Sauve, et nous avons décrit l'ensemble architectural des ruines de l'église; un second article accompagne un motif pris dans l'intérieur, et a pu justifier de nouveau l'intérêt qui s'attache aux fragments délabrés qui sont encore debout. Bien d'autres parties pourraient fournir le sujet de dessins, aussi intéressants au point de vue archéologique que sous le rapport du pittoresque; mais forcés de nous limiter, nous avons dû réunir dans une seule planche une vue d'ensemble et les chapiteaux les plus curieux par leur ornementation; nous allons indiquer ces détails par des numéros correspondants aux chiffres qui accompagnent les dessins, en commençant par l'abside et le chœur, puis en examinant les chapelles latérales, enfin la chapelle placée entre le clocher et le transsept.

Abside. — La fenêtre du fond du sanctuaire est décorée de colonnes chevronnées. Sur le chapiteau de la colonne de droite (1), un ange sur un dragon. Ce sujet n'est pas sans analogie avec le chapiteau de l'église de Bouliac, qui offre une scène de la vie de Tobie. Cependant l'ange n'est pas muni de cette sorte de lance dont il est armé à Bouliac, et le dragon tient une pomme dans la gueule. Nous aimons mieux voir ici l'idée de la chute d'Adam.

Le chapiteau de la colonne de gauche représente un homme enfonçant une pique dans la bouche de deux reptiles.

A droite du sanctuaire, des pommes de pin ornent le chapiteau d'une colonne qui séparait deux passages dans l'abside voisine. A gauche, sur le chapiteau de la colonne symétrique, sont des animaux réunis par la tête.

Le côté gauche a déjà été l'objet d'un dessin et d'un article spécial, auxquels nous renvoyons nos lecteurs.

Abside latérale à droite. — Quatre jolis bas-reliefs ayant pour sujet l'Annonciation, l'Adoration de la Vierge, la naissance du Christ, la Résurrection, sont incrustés dans la muraille. Ces sculptures sont les seules qui n'appartiennent pas au style roman; celles-ci sont l'ouvrage du XV° siècle.

Le premier chapiteau, à gauche (2), représente les trois tentations de Jésus. La première, dans laquelle le Diable dit à Jésus de transformer une pierre en pain, est recouverte par un mur de construction récente; dans la deuxième, le Diable montre à Jésus les royaumes du monde : cette sculpture est fort mutilée; la troisième seule est apparente : Jésus est appuyé contre la balustrade du temple, et le démon lui demande de se jeter en bas, s'il est vraiment le fils de Dieu.

L'entrée de cette chapelle présente deux chapiteaux historiés; à droite (3), diverses scènes de la vie de Samson; Samson à cheval sur le lion, dont il va déchirer la gueule; Samson emportant les portes de la ville de Gaza; Samson endormi sur les genoux de Dalila, à laquelle une femme présente les ciseaux qui doivent servir à couper les cheveux du héros.

A gauche de cette entrée, Daniel dans la fosse aux lions (4); il appuie sa tête sur sa main.

Abside latérale à gauche. — A droite et au fond, des personnages entourés de feuillages (5). A gauche (6), deux syrènes, mamelles pendantes, longs cheveux, des feuillages dans chaque main.

A l'entrée de cette chapelle, à droite (7), deux lions tiennent dans la gueule chacun le pied d'un homme qui a la tête en bas. A gauche, Adam et Eve, qui viennent de manger le fruit défendu (8); le serpent entoure l'arbre; puis Adam travaillant la terre à la sueur de son front, et Eve en pleurs tenant un enfant sur ses genoux.

Secondes absides latérales de droite et de gauche. — Elles sont peu riches en ornementation; nous noterons seulement, dans la dernière abside à gauche, deux dragons entrelacés qui se mordent la queue (9).

Chapelle entre le clocher et le transsept. — Deux chapiteaux de ce sanctuaire méritent d'être signalés. L'un d'eux (10) a pour sujet le sacrifice d'Abraham en trois scènes : Un ange ordonnant le sacrifice à Abraham; un ange retenant le bras d'Abraham prêt à immoler son fils; un ange conduisant le bélier qui va remplacer Isaac sur le bûcher.

Le second chapiteau (11) retrace les scènes de la mort de Saint-Jean-Baptiste : Saint-Jean décapité au moment où il se montre à une fenêtre; personnage portant dans un plat la tête de Saint-Jean que deux anges encensent; Hérode, au milieu d'un festin, entouré de musiciens, et devant lequel danse encore la fille d'Hérodiade, dont les grâces ont obtenu de la faiblesse de ce roi la promesse de la mort du précurseur.

ÉGLISE CATHÉDRALE SAINT-ANDRÉ,

A BORDEAUX.

SCULPTURES DE L'ANCIENNE PORTE ROYALE; FAÇADE NORD; FLÈCHE ET CLOCHER PEY-BERLAND.

GOTHIQUE SIMPLE ET GOTHIQUE FLEURI.

La fondation de l'église cathédrale Saint-André remonte-t-elle, ainsi que le dit le pape Innocent VIII, dans une bulle du 25 février 1488, à l'époque de l'apôtre St-André, ou doit-elle être attribuée à St-Martial qui, selon Grégoire de Tours, vint dans les Gaules à la fin du III° siècle? Les témoignages historiques manquent à l'appui de l'une comme de l'autre de ces opinions; tout ce qu'il est permis de conjecturer, c'est que la fondation de cette église remonte aux premiers temps du christianisme dans la capitale de l'Aquitaine : plus tard, Charlemagne et Louis-le-Débonnaire firent des dons à l'église de Bordeaux. Mais le bâtiment, érigé à l'époque latine, disparut probablement sous le torrent destructeur des Barbares; l'église Saint-André était du nombre des édifices ruinés que les ducs d'Aquitaine voulurent rétablir, lorsqu'ils donnèrent « la baronnie de Cadaujac, le » tiers du seigneuriage de la Monnaie, et autres beaux droits et revenus pour la restauration de ces

» églises, et qui devaient être unis et appartenir à la manse des chanoines, comme il est énoncé aux
» titres de cette donation et confirmation faite par le duc Guillaume, grand-père d'Eléonore. (Lopes)

Les secours accordés par ces ducs, joints aux libéralités des fidèles, permirent de travailler avec activité à la reconstruction de l'église Saint-André, qui, en 1096, reçut la consécration des mains du pape Urbain II. Une bulle de ce pape, datée du 5 mai 1099, décrit cette cérémonie. Les reliques de plusieurs saints furent déposées sous le grand autel. Une des plus célèbres était le bras de Saint-André que l'on présentait aux rois à baiser, lorsqu'ils passaient à Bordeaux, et que l'archevêque Jean de Foix offrit encore au baiser de François Ier, à son retour d'Espagne.

Le monument offre de nombreuses traces de reconstructions partielles; mais tout au plus peut-on faire remonter aux ducs d'Aquitaine les parties les plus anciennes de l'église, c'est-à-dire quelques fragments de la partie occidentale de la nef. Les étages supérieurs de cette nef, dans cette même partie, de même que l'ensemble des travées suivantes, annoncent un style postérieur; le XIIIe siècle y est l'époque dominante.

Dans ces reconstructions partielles, les architectes ne se sont pas encore écartés du plan primitif, mais il n'en est plus de même lorsqu'on arrive à l'abside. Ici les lignes du premier constructeur ont été complètement mises à l'écart; et les dimensions ont été singulièrement agrandies. On rapporte l'ensemble de cette partie à l'époque du pape Clément V, Bertrand de Goth, l'ancien archevêque de Bordeaux, dont nous avons déjà remarqué le goût pour les constructions fastueuses dans plusieurs beaux monuments religieux et militaires. En 1307, ce pape promulgua plusieurs bulles, par lesquelles il accordait des indulgences aux fidèles qui contribueraient par leurs dons à l'achèvement de l'église mère du diocèse, et il parvint ainsi à faire achever l'abside de ce monument. Il faut reporter à la même date le cloître adossé à la face sud de la nef, monument intéressant non-seulement par l'élégance des arcatures qui forment les galeries, mais aussi par une grande richesse de détail d'ornementation.

A peine cette nouvelle basilique était-elle complète, qu'une tempête (un tremblement de terre, disent les chroniques), fit tomber, le 2 février 1427, la moitié des voûtes de la nef, du côté de l'ouest. Elles furent rétablies par l'archevêque Jean de Foix (1501-1529). Pour donner plus de solidité à cette reconstruction, on augmenta le nombre des contreforts qui appuient leurs robustes piliers dans le cloître; deux soutiens furent ajoutés à deux autres qui dataient du temps de Clément V. Sur le côté opposé, un seul contrefort isolé fut jugé suffisant, le bâtiment de l'archevêché qui venait à la suite offrant par lui-même une buttée à l'effort des voûtes.

A la renaissance, l'archevêque Ch. de Grammont contribua beaucoup à l'embellissement de l'église, en ordonnant l'érection d'un jubé, dont l'élégance nous est attestée par deux bas-reliefs représentant le premier la résurrection, le second le supplice des damnés et la descente du Christ aux limbes. Ces fragments, dont le dernier surtout est d'un dessin admirable, et quelques autres sculptures sont les seules parties qui restent du bel ouvrage de Charles de Grammont. A l'extérieur se dressa, sous le même archevêque, l'élégant pilier, dont les sculptures et une inscription funéraire indiquent que les restes des victimes de l'écroulement de la nef en 1427 ont été réunis sur ce point.

Telles sont les additions les plus importantes faites à diverses époques à l'église Saint-André, et qui l'ont amenée à l'état que nous allons succinctement décrire:

1° Une nef sans bas-côtés, de 18 mètres environ de largeur dans œuvre, sur une longueur de 60 mètres ayant une hauteur de 25 mètres sous clef.

L'époque romane se reconnaît ici dans les forts piliers de l'extrémité occidentale de l'église, dans les larges feuilles de leurs chapiteaux; mais l'ogive apparaît dans les étages supérieurs de cette même partie, de même que dans la sévère façade de l'ouest, percée seulement de trois fenêtres aveugles, celle du centre plus élevée que les deux autres; ici les voûtes portent les caractères de l'époque à laquelle nous avons dit qu'elles furent reconstruites, du XIVe siècle. Enfin, en avançant vers le chœur, les profils changent plus d'une fois; mais, nous l'avons déjà remarqué, leur ensemble, le style des voûtes, indiquent clairement dans ces travées le XIIIe siècle.

2° Un transsept, terminé à chaque extrémité par un portail et ayant une longueur de 43 mètres 25 centimètres entre les faces extérieures des murs, sur une largeur de 10 mètres 11 centimètres, depuis l'axe de l'arc doubleau de la nef jusqu'à l'axe des piliers qui terminent le chœur.

Cette partie offre une élévation de 31 mètres; c'est donc une hauteur de 6 mètres de plus qu'à la nef. Afin que le poids du mur qui rachète cette différence ne nuisît pas à la liaison des parties anciennes avec les nouvelles, un deuxième arc doubleau fut érigé à côté de celui qui termine la nef.

C'est à l'extrémité nord de ce transsept que se dressent, sur deux tours hautes de 40 mètres 70 centimètres, deux flèches élevées de 39 mètres, et dont la hardiesse et l'élégance mettent la cathédrale de Bordeaux au rang des monuments les plus célèbres de l'époque ogivale.

Les deux extrémités de ce transsept n'ont pas évidemment été érigées en même temps. La sévérité des ornements que l'on voit sur la porte du midi doit la faire rapporter à une époque antérieure peut-être d'un demi-siècle à celle de la porte nord; ici la naissance du style flamboyant apparaît distinctement dans la galerie, dans les meneaux onduleux de la rose et dans ceux d'une fenêtre aveugle à l'ouest de la tour occidentale. Cependant l'ensemble appartient encore au style rayonnant du XIVe siècle; les flèches qu'après un premier examen nous avions jugées avec M. de Caumont postérieures au reste de cette façade, pourraient bien n'être distantes de ces parties que de l'intervalle de temps, toujours assez long, nécessaire pour édifier une œuvre de cette importance.

3° Le chœur, d'une longueur de 32 mètres sur une largeur de 13 mètres 50 centimètres entre les axes des piliers. Il comprend quatre travées et un rond-point pentagonal. Treize ouvertures, hautes de 11 mètres environ, larges de 3 mètres 15 centimètres, formées par 14 piliers, le mettent en communication avec les bas-côtés qui l'entourent. Au-dessus de ces grandes portes est un *triforium*, présentant cinquante deux baies formées par des colonnettes et qui se terminent en arcs trilobés. La partie supérieure est percée de treize vastes fenêtres, correspondant aux ouvertures inférieures et ménagées au-dessus des voûtes des bas-côtés, dans les pénétrations d'une voûte ogivale à nervures saillantes.

Cet ensemble appartient à la même période que le transsept, c'est-à-dire au XIVe siècle.

4° Un bas-côté, sur lequel sont jetés les arcs-boutants de la voûte du chœur, et d'une largeur moyenne de 7 mètres 65 centimètres, rayonnant autour du sanctuaire. Dans ce bas-côté, ouvrent des chapelles, de formes et de dimensions différentes.

Deux chapelles d'une largeur de 7 mètres 30 centimètres correspondent à la partie longitudinale du chœur. Cinq autres chapelles, dont le fond est à trois pans coupés, sont rangées autour de son rond-point, dont elles suivent, quant à leur position, le mouvement; la chapelle absidiale est beaucoup plus développée que ses voisines; celle-ci a 14 mètres 30 centimètres de longueur sur 9 mètres de largeur.

Tel est sommairement l'ensemble de la cathédrale de Bordeaux. Il nous faudrait bien des pages pour décrire et apprécier tous les détails de construction ou d'ornementation. Mais cet objet nous a déjà occupé dans un travail spécial (*Essai historique et archéologique sur l'église cathédrale Saint-André*, in-8° de 15 feuilles; Bordeaux, Faye imprimeur, 1842), et nous ne pouvons nous arrêter ici que sur les sujets des planches qui ont motivé cette notice.

Ancienne porte royale. — Le pilier central, les statues des apôtres qui décoraient les pieds droits de cette porte, une rangée de niches au-dessus, dans lesquelles étaient abritées d'autres statues colossales de saints, tout cela a été renversé ou se trouve masqué; il ne reste plus sur place et visible à tout curieux qui entre dans la sacristie, que le tympan et ses quatre voussures, le tout du XIIIe siècle.

Le tympan offre trois scènes: dans le bas, la résurrection des morts; des rois, des évêques, des femmes, des enfants, tous les ordres de la société se lèvent et vont se présenter confondus. Au-dessus, le Christ, nimbé du nimbe crucifère et entouré de six anges; quatre portent les instruments de la passion, la couronne, la croix, la lance et la colonne; entre ces anges, la Vierge et Saint-Jean agenouillés. A l'extrémité du cadre, deux anges sonnant de la trompette. Dans le dernier tableau, huit anges; les deux du centre portent le soleil et la lune; ceux des extrémités sont agenouillés.

Les voussures offrent sur le premier arc dix anges; l'un d'eux, le plus bas, à gauche, foule aux pieds un dragon; les deux qui occupent le sommet de l'arc élèvent chacun une couronne.

Le deuxième arc est décoré du même nombre d'anges portant des custodes, des encensoirs, des chandeliers; la statue de l'ange, qui porte un ostensoir, est moderne.

Au sommet du troisième arc, sont quatre séraphins, reconnaissables à leurs triples paires d'ailes, ayant sous les pieds deux roues, symbole de la vîtesse avec laquelle ils portent les ordres de l'Eternel. Six autres statues représentent des femmes tenant des livres et des palmes.

Le dernier arc soutient douze personnages portant la plupart des livres déroulés. La lyre indique clairement David, l'équerre Saint-Thomas. Cet arc est encadré entre deux rangs de feuillages: dans le plus élevé, des oiseaux à queue de serpent becquettent des fruits; quelques personnes voient dans les sculptures de ce genre un symbole de la foi à l'Eucharistie.

Deux contreforts limitent l'ensemble de ce portail; les parois les plus rapprochées de la porte ont reçu de chaque côté une niche dans laquelle est placée une statue: à droite, un personnage vêtu d'une longue robe, et les mains jointes; à gauche, un autre personnage vêtu à peu près comme le précédent, et sur sa console un singe accroupi et habillé en moine. A côté, une autre statue plus grande que les précédentes, et qu'un animal sculpté à ses pieds nous fait reconnaître pour être Saint-Antoine.

Les divers personnages de ces arcatures sont abrités par des dais élégants formant consoles pour les statues au-dessus; les dernières consoles, servant aussi de dais pour les statues des pieds droits, sont remarquables par les dessins de châteaux-forts qui les décorent et qui mériteraient à eux seuls de longs détails.

Porte du nord. — Le tympan est divisé en trois étages, ayant chacun pour sujet une scène différente; à l'étage inférieur, la Cène; au deuxième étage, l'Ascension; les douze apôtres adorent le Christ, qui s'élève dans les nues; déjà sa tête ne paraît plus; au dernier étage, le Christ, caractérisé par la plaie du côté, entre deux anges debout et deux autres renversés sur le côté, portant l'un le soleil, l'autre la lune.

Les voussures du portail sont décorées de trois rangs de petites statues placées chacune dans une niche; à l'arc le plus resserré, dix anges, presque tous tenant des couronnes à la main; au deuxième, les douze apôtres; à droite, et le plus bas, Saint-Pierre; à gauche, Saint-Paul, et au-dessus Saint-André; Saint-Jean occupe le sommet de l'arc à droite. Au troisième arc, Moïse et David, et douze autres personnages, des patriarches ou des prophètes.

Sur le pilier central, Clément V en costume de pape, et sur les pieds droits six cardinaux, qui se trouvaient sans doute au nombre des dix qu'il élut à Lyon, à la suite de son couronnement.

Ces statues sont posées sous de brillants dais et reposent sur des piliers non moins élégants.

Au-dessus de la porte est un double rang d'arcades entrelacées, avec arcs trilobés dans les entrelacs, et couronnées par une galerie à quatre feuilles déjà mentionnée; trois fenêtres quinquélobées donnent du jour à l'intérieur, etc.

Cette porte est remarquable par une grande pureté dans le dessin, par l'harmonie de l'ensemble, par le fini du travail; c'est qu'elle appartient encore à la belle époque de l'ornementation ogivale.

Flèches et clocher Pey-Berland. — Cette nouvelle planche montre l'ensemble de la façade nord, dont le dessin précédent a donné les plus beaux détails. Au-dessus des arcades enlacées, la rose; puis les flèches octogones, percées sur chaque face d'ouvertures en forme de larmes: la solidité de ces aiguilles est habilement garantie par un système intérieur de charpente.

La voûte du chœur est défendue par dix arcs-boutants qui franchissent les voûtes des bas-côtés et vont s'appuyer sur autant de piliers surmontés de clochetons, après s'être reposés, dans l'intervalle de cet espace, sur de semblables soutiens intermédiaires. Les piliers les plus rapprochés de l'abside s'insèrent plus ou moins profondément dans les vides que laissent les chapelles rayonnantes autour du chœur; et l'ornementation de ces soutiens est en rapport avec leur développement : des niches, des portiques élégants les décorent.

A trente mètres de cette abside, s'élève le clocher qui porte le nom de l'archevêque qui le fit élever. Il fut construit vers le milieu du XVe siècle, sur l'emplacement d'une fontaine, ainsi que l'annonce l'inscription suivante, gravée sur une plaque en marbre noir, incrustée dans la face nord :

BIS QUADRAM QUICUMQUE OCULIS TURRIM ASPICIS ÆQUIS,
MILLE QUADRINGENTIS QUADRAGINTA LABENTIBUS ANNIS,
FELICIBUS CÆPTAM AUSPICIIS, NONASQUE SECUNDO
OCTOBRIS : TANTUM CERTO SCITO ESSE PROFUNDAM
FONS PROPE PROSILIENS QUANTUM TENET, HIC QUOQUE PRIMUS
SUBJECIT LAPIDEM PETRUS, ARCHIPRÆSUL IN URBE
BURDIGALÆ, CUJUS PLEBS COLLÆTETUR IN ÆVUM.

La tour quadrangulaire offre une hauteur de 47 mètres 50, défendue par des contreforts perpendiculaires à l'extrémité de chaque face, et coupée verticalement en quatre étages, les trois supérieurs percés chacun d'une ou de plusieurs fenêtres ogivales, encadrées dans des arcs à talon. Le sommet de la tour portait autrefois une flèche octogone de 14 mètres de hauteur, entourée de clochetons couronnant les contreforts perpendiculaires de la tour. Cette flèche n'a conservé qu'un tronçon de 2 mètres environ. Son renversement fut l'œuvre de la révolution qui, le 12 avril 1793, vendit ce monument au sieur Lavalette pour le prix de 18,000 fr. Cet acquéreur entreprit la démolition, et fit tomber la flèche sur la place Saint-André; mais bientôt l'administration des domaines fit prononcer sa déchéance; et le 24 octobre 1820, une vente eut lieu en faveur du sieur Ouvradon, au prix de 5,050 fr: Une clause de l'acte de cette dernière cession stipule qu'il ne pourra être effectué aucune dégradation à ce monument.

Tout porte à présumer que ce n'est pas dans d'autre but que pour servir de clocher que Pey-Berland fit ériger cet obélisque. L'auteur d'un cours répandu d'archéologie l'a rattaché à la classe de monuments funéraires; mais nous ignorons dans quel document il a puisé qu'un caveau sépulcral existait sous ce sol. L'historien Lacolonie nous parle de cette tour sans nous révéler cette circonstance; il nous dit seulement que « cette tour avait servi d'un usage de nécessité pour la ville, et pour donner des avertissements des découvertes qu'on en pouvait faire des partis ennemis alors si fréquents, ou pour d'autres objets oubliés. » Aujourd'hui elle sert de fabrique de plomb de chasse. « C'est ainsi, dit M. le comte Montalabert, au sujet de ce monument, qu'on trouve moyen, en ce siècle élevé et progressif, d'utiliser ces cristalisations de la pensée humaine, *ces inflexibles doigts levés pour montrer le ciel.* »

CHATEAU DE BENAUGE, A ARBIS.

ARRONDISSEMEMT DE LA RÉOLE.

Deux corps de logis reliés sous un angle aigu et fermés par un mur qui délimite une première cour, cet ensemble enveloppé dans une enceinte isolée des constructions, tel est le château de Benauge, placé sur un monticule artificiel, formé des terres provenant du creusement de larges fossés qui le défendent au nord-ouest.

Après avoir franchi à l'est la porte A de la grande enceinte murale, une deuxième porte B au sud permet de passer de la basse-cour dans la cour du château C. Là, deux parties bien distinctes frappent l'œil : les bâtiments modernes D entés sur les vieux murs, et qui occupent l'extrémité orientale du côté nord, et les parties anciennes E, F, situées en prolongement des constructions précédentes, et qui retournent sur le côté occidental. Une nouvelle porte N se trouve sur ce côté. Un mur I, J, coupait en deux la cour intérieure.

La cour d'entrée du château a 40 mètres 50 de l'est à l'ouest; celle à la suite, 21 mètres dans la même direction ; et le corps de logis à l'ouest, mesuré en face de l'ancienne porte d'entrée, 10 mètres 70. C'est donc 72 mètres 20 que ce château présente dans sa plus grande dimension à l'intérieur. Depuis la porte d'entrée B jusqu'au corps de logis moderne, on mesure une longueur de 31 mètres. Enfin la dernière enceinte présente, dans sa plus grande longueur, 150 mètres.

L'état de ruine de la partie occidentale permet à peine d'en reconnaître l'époque; cependant les voûtes à nervures cunéiformes, la forme ogivale de quelques ouvertures semblent devoir faire assigner le 13me siècle à cet ensemble.

Le pays de Benauge fut occupé de bonne heure par les populations. Pline nous a conservé le nom de la peuplade dont on a formé plus tard le mot de Benauge, les *Venami*. Au moyen âge, l'existence du château de Benauge remonte sans doute très-haut; mais elle ne nous est attestée qu'à la fin du XIIIe siècle, par une lettre adressée le 24 juin 1270, à Edouard, fils du roi d'Angleterre, par les prieur et couvent de Grandmont, à l'ordre desquels appartenait la maison de Saint-Macaire, voisine du monument que nous examinons. Ce château était alors tenu, de même que celui de Saint-Macaire, de payer au couvent de cette dernière ville, la dîme du pain qui faisait partie de sa fondation.

Un élégant petit oratoire, dont on remarque à l'extérieur les élégantes fenêtres rayonnantes, et qui a conservé des traces de peintures, dont une partie seulement paraît ancienne, aurait été enté au XIVe siècle en saillie sur les vieux murs. Nous croyons encore que c'est à peu près à la même époque qu'il faut attribuer les voûtes de la vaste pièce qui vient à la suite vers l'est, de 7 mètres 60 centimètres sur 12 mètres, et qui a perdu ses planchers et une travée de sa voûte; les sculptures d'une clef encore en place, sur laquelle on distingue un agneau tenant un pavillon, celles d'une autre clef gisant au milieu des débris et qui porte trois poissons réunis par une seule tête, image de la Trinité, ces sculptures sembleraient encore indiquer un lieu consacré à la prière.

A l'époque de la renaissance, le changement d'habitude, de mœurs, fit très-souvent transformer la solide forteresse en habitation plus confortable. Ce genre nouveau a imprimé ici son cachet. Ces constructions subirent un remaniement général; les ogives disparurent presque complètement, et cédèrent la place à de larges baies à cintres surbaissés.

Extérieurement, la position de ce château sur un point élevé, son développement considérable, lui donnent un aspect fort imposant; c'est surtout du côté de l'ouest que la saillie de quatre tours donne à ces constructions un beau caractère, dont M. Léo Drouyn s'est efforcé de rendre l'effet, en se plaçant à une assez grande distance du monument.

La vicomté de Benauge resta long-temps dans les mains de la famille des Grailly, dont un membre, Pierre II, seigneur de Grailly, épousa Analide de Bordeaux, captale de Buch, dame de Puypaulin et de Castelnau de Médoc. D'autres alliances augmentèrent plus tard la richesse de cette maison : ainsi, Archambaud de Grailly, fils de Pierre, épousa en 1381 Isabelle de Foix, vicomtesse de Béarn et de Castelbon, et ce mariage donna naissance à la formation de la branche des comtes de Candale dans la personne de Gaston de Foix, leur deuxième fils. On sait que le mariage de Marguerite de Foix, comtesse de Candale, de Benauge et d'Astarac, captale de Buch, qui eut lieu en 1587 avec le duc d'Épernon, fit passer ce riche patrimoine dans les mains de ce dernier. En 1604, le duc d'Epernon signa, avec les tenanciers de la seigneurie de Benauge, une transaction en vertu de laquelle il fit procéder à un arpentement général de tous les fiefs de cette terre. En 1661, la mort, sans héritier direct, de Bernard de Lavalette, deuxième fils du duc d'Épernon, fit rentrer la maison de Foix dans ses anciens domaines; aussi, en 1694, trouvons-nous le duc de Foix qualifié seigneur du comté de Benauge.

« Par le décès de Bernard de Lavalette, dit l'abbé Baurein (*l'abbé Baurein, sa vie et ses écrits, p.* 88), Messire Jean-Baptiste Gaston de Foix et de Candale, prince, captal de Buch, comte de Benauge, baron de Cadillac, Poudensac, Langon, Castelnau, Baysse-Velle, seigneur de Puypaulin et autres places, premier conseiller né au parlement de Bordeaux, se mit en possession, dès l'an 1662, de toutes les seigneuries appartenant à la maison de Candale, et ce, en vertu des substitutions supposées, tant au testament de feu Henry de Candale et celui de feu François, Monsieur de Foix, comte de Candale, de son vivant, évêque d'Aire, qu'au contrat de mariage entre feue Marguerite de Foix, fille dudit Henry, et Messire Jean-Louis de Nogaret, duc d'Epernon.........

» Jean-Baptiste Gaston de Foix de Candale ne jouit pas long-temps de cette succession. Il mourut sans enfants mâles peu d'années après; en sorte que Messire Henry de Foix, duc et pair de France, captal de Buch, comte de Benauge, baron de Cadillac, Poudensac, Langon, Castelnau, Baysse-Velle, Puypaulin et autres places, conseiller né au parlement de Bordeaux, fut mis en possession de toutes ces seigneuries, dès le mois d'avril 1666.

» Elles furent dans la suite, et dès le commencement du XVIIIme siècle, démembrés, désunies, et entièrement aliénées. »

On ne doit donc pas être étonné de trouver ce château, vers le milieu de cette période, dans les mains de Charles-François de Waubrans, chevalier, marquis de Boursin, et très-haute et très-puissante dame Marguerite Jacquette de Gombault de Benauge, son épouse. En 1752, ils firent renouveler *l'arpentement* général qui avait eu lieu en 1656, et qui s'étendait encore à dix-neuf paroisses. Ce document, le seul que la révolution de 93 ait laissé subsister dans les archives locales sur cette seigneurie, se trouve aujourd'hui déposé à la mairie d'Arbis, et c'est sur cette pièce que nous avons puisé une partie des notes qui précèdent.

CHATEAU DE ROQUETAILLADE, A MAZÈRES.

ARRONDISSEMENT DE BAZAS.

Les archives de la Gironde contiennent sur le château de Roquetaillade un document fort intéressant, dont nous devons la communication à l'obligeance de M. Gras, archiviste du département : c'est un dénombremet rendu, le 17 mai 1669, devant les trésoriers de France, par « François de Lansac, chevalier seigneur baron direct et foncier et haut justicier de la terre et seigneurie de Roquetaillade, capitaine de cinquante hommes d'armes des ordonnances de Sa Majesté, sénéchal et gouverneur des sénéchaussées d'Albret, et premier baron de Bazadais de ladite terre et seigneurie de Roquetaillade, paroisses et autres domaines et dépendances que ledit seigneur tient à foy et hommage envers le Roy..... »

Ce dénombrement contient et la description du château et l'indication des droits et devoirs de toute nature attachés à cette seigneurie. Voici l'état du château : « La terre et seigneurie de Roquetaillade, sise et située dans la sénéchaussée de Bazadais, consiste en un chasteau appelé de Roquetaillade, où il y a un autre vieux et ancien château, tout joignant icelluy, du costé du couchant, avec de grandes tours fort ruynées, marquant néantmoins grandes et anciennes antiquités, appelé communément le chasteau de Lamothe, ayant été déclaré, avec icelluy, qui est maintenant en pied, par arrêt de la Cour du Parlement de Bourdeaux, la première baronnie du Bazadais, avec une grande et espacieuse basse-cour, ledit chasteau revestu de grands fossés, jardin, garennes, fours, granges, chais, cubier, vollières, où il y soulait avoir à l'entrée certaines maysons, qui forment une ville, avec grand portail à l'entrée d'icelles maysons, environnées de hautes murailles, qui, à cause de ce, portent le nom de ville, dans l'entourt de laquelle y a une chapelle appelée de Saint-Michel, mettreyes, moulins, tuillerie, estang, maisons nobles appelées Dubernet et Lafourest, d'autre partie, d'autres mettreyes aussi nobles appelées de Lagrange et Crampey qui joignent ledit chasteau, terre labourable, preds, bois, vignes, garennes et autres préclotures, avec tout droit de justice haute, moyenne et basse, avec droit de pouvoir créer des bayles, et dans toute l'étendue de ladite justice, droit d'amendes pour des crimes et forfaits comis dans icelle, applicables audit seigneur, péages, plaçages, et où il y solait avoir deux foires l'année...... »

Nous sommes obligés de nous arrêter dans cette citation; l'énumération des droits féodaux attachés à la terre de Roquetaillade, et décrits en détail dans le document qui est sous nos yeux, nous entraînerait beaucoup trop loin. Nous ajouterons seulement quelques notes à la description que nous venons de citer.

Aucun monument militaire de la Gironde n'offre un plan plus complet, un aspect plus imposant, n'est plus digne en un mot d'attirer les regards des simples curieux comme ceux des archéologues, que le château auquel nous consacrons cet article.

Son nom (*Ruper Scissa* dans les *rôles gasc.* I. 9.) indique sa position; il occupe en effet le dome assez étendu d'une colline, à droite de la route de Langon à Bazas. Là, une tour carrée, haute de 35 mètres, crénelée, s'élève en donjon au milieu d'une enceinte murale carrée de 35 mètres de côté, protégée par six tours, quatre aux angles et deux pour la défense de la porte. Ces tours s'élèvent sur des bases en cône tronqué, à une hauteur de 28 mètres, depuis le fond des fossés; elles ont 8 mètres de diamètre extérieur et 4 mètres de diamètre intérieur. Des traces de hourds se montrent au sommet. Un fossé de 13 mètres 35 centimètres de gueule, et dont la contrescarpe n'offre qu'un talus insensible, entoure ces constructions.

Cet ensemble, qui déjà constitue un château des plus complets, n'est encore cependant qu'un donjon par rapport à une nouvelle ligne polygonale de murs et de fossés détruits sur plusieurs points, et dont on ne suit les traces qu'avec incertitude. Mais, avant d'étudier cette grande enceinte, quelques dispositions de détail méritent encore notre examen dans le château principal.

La tour carrée, le premier donjon que nous avons déjà mentionné, a 12 mètres de côté; les murs ont 2 mètres d'épaisseur. Trois fenêtres superposées, celle du premier étage remaniée à la renaissance, comme l'indiquent ses meneaux perpendiculaires, la deuxième géminée avec arcs ogivaux trilobés, la troisième ogivale et trilobée, ces diverses fenêtres indiquent l'ancienne existence de trois voûtes; celle du rez-de-chaussée et celle du premier étage offrent des nervures cunéiformes qui forment huit angles à la clef; les nervures des angles sont unies par de nouveaux cordons perpendiculaires aux premiers. La voûte la plus élevée est tombée et a cédé la place à une charpente; on pénètre cependant sur le sommet du donjon : entre la toiture et les créneaux rectangulaires, un espace dallé permet de s'y promener, et l'œil peut y contempler à loisir un vaste panorama.

L'escalier à vis forme à l'extérieur une saillie à angles droits; il est placé du côté opposé à la porte; la communication avec les étages a lieu par des corridors coudés, et par des portes, les unes cintrées, les autres surbaissées. Il faut franchir cent quatre-vingt-deux marches pour s'élever du niveau des caves au sommet de ce beffroi.

Les constructions, qui pouvaient exister primitivement autour du donjon, consistaient tout au plus en un corps de logis assez bas, et l'on pouvait sans doute contourner à ciel ouvert le pied de cette masse. A la renaissance, des constructions relièrent le donjon aux murs de sa première enceinte et aux tours, et transformèrent ce premier château en un vaste corps d'habitation; c'est à cette modification qu'appartient la fenêtre à meneaux perpendiculaires que nous avons remarquée sur la face principale de la tour carrée; les meurtrières en croix des murs d'enceinte et des tours furent aussi agrandies et devinrent des fenêtres modernes. Ces changements ont sans doute enlevé au château son unité première; mais ils l'ont aussi doté de quatre vastes cheminées, dont une surtout est fort remarquable; elle offre quatre statues de femmes de grandeur naturelle; et, si le dessin de quelques parties du corps, des bras et des jambes principalement, était correct, nous n'hésiterions pas à la placer à côté des magnifiques cheminées du château de Cadillac. Tel est sommairement le château figuré sur le dessin *donjon de Roquetaillade;* mais le baron de Lansac nous a parlé aussi d'un *autre vieux chasteau, tout joignant iceluy, du costé du couchant, avec de grandes tours fort ruynées, marquant néantmoins grandes et belles antiquités.* Ces ruines existent encore; elles lutteront long-temps encore contre les efforts du temps. La partie la mieux conservée est une tour carrée A, de 6 mètres 50 centimètres de côté, élevée de 22 mètres environ, couronnée de machicoulis, et placée au sud-ouest de ces vieilles constructions, c'est-à-dire sur le point le plus rapproché du château actuel. Sous cette tour était pratiqué un passage à arcs ogivaux, présentant à peu près la disposition de la porte du château de Budos, et communiquant dans la cour du vieux château. L'escalier de cette tour ne prend naissance qu'au premier étage.

Ce massif était relié, par des murs entourés de fossés, ou assis sur des escarpements naturels, à d'autres constructions placées au nord et à l'ouest, aujourd'hui totalement défigurées; les restes d'une ouverture circulaire à meneaux rayonnants du côté sud-ouest semblent indiquer une chapelle; en contournant extérieurement ces ruines, vers le nord-ouest, nous croyons aussi reconnaître le donjon, dont le rez-de-chaussée offre une voûte en berceau légèrement ogivale et percée au centre d'un trou carré; du premier étage part l'escalier; ici la voûte est à nervures ogivales cunéiformes.

Tous les caractères architectoniques, le profil des nervures, le style des meneaux de la rose qui nous a paru indiquer une chapelle, les ogives des fenêtres, peuvent permettre de reporter les constructions en ruine à une époque antérieure au château actuel. Mais si elles existaient déjà, lorsque ce dernier fut érigé, ces deux monuments n'appartiennent pas cependant à des dates très-distantes entr'elles. La tradition qui fait remonter le château en ruine à l'époque de Charlemagne, ne mérite aucune attention : sans doute un château a pu exister sur ce point dès le VIIIe siècle; mais il n'a laissé aucune trace; et, à coup sûr, ce n'est ni ce donjon crénelé, ni ces murailles voisines qui pourraient en être les restes.

Cette première forteresse, ce donjon dominaient un vaste ensemble de constructions qui couvraient tout le plateau, et dont une partie dut disparaître, lorsque le deuxième château se planta sur ce sol; des traces du mur qui se croisent en tous sens, lorsqu'on fouille ce terrain, l'attestent suffisamment. C'étaient les modestes habitations des vassaux, renfermées en partie dans des murailles, et assez nombreuses pour mériter ce nom de ville, encore conservé au temps du baron de Lansac, et qui serait sans doute assez exagéré d'après nos idées d'aujourd'hui, mais que l'on donnait alors à tout amas d'habitations assez important pour être clos de murailles. Cette enceinte, que nous croyons avoir reconnue et qui est figurée au nord-ouest sur le plan par un tracé ponctué, était beaucoup plus vaste que celle qui subsiste aujourd'hui, et qui ne date sans doute que de l'époque du deuxième château. La première enceinte comprenait la chapelle, placée aujourd'hui à l'entrée du château actuel; la deuxième la laissa à l'extérieur. Les contreforts plats de ce petit monument, une fenêtre en meurtrière sur la façade nous paraissent en effet antérieurs au second château. Du côté opposé, à l'ouest, cette ligne de murs devait s'élever à plus de 60 mètres du château ruiné, sur les bords de l'escarpement du coteau.

L'importance de ces habitations nous est d'ailleurs attestée par un autre document, encore plus positif que celui que nous avons cité, et dont nous devons la connaissance à un homme qui a recueilli les plus riches matériaux historiques sur le canton qu'il habite, à M. Lafargue, de Langon. Cette pièce nous montre les *manants* de Roquetaillade liés avec leur seigneur par des droits et des relations réciproques.

Cet acte, sous la date du 6 mars 1577, porte le titre suivant : « Accord, conventions, priviléges et règlements entre les habitants et les anciens seigneurs, même avec hautes dames Jouine et Catherine de Lamothe, comme on faisait apparaître par deux divers instruments en date du............, signé Svennard, notaire, et autre du 9 novembre 1525, signé Dumas, notaire Royal. »

Le préambule apprend que *déjà* (avant 1577), Roquetaillade avait été exposé aux désastres des sièges et des incendies : les habitants se plaignaient de l'inexécution d'anciens traités; le sieur de Lansac, nouvellement marié à Jouine de Lamothe, qui lui avait apporté cette terre en dot, s'excusait de les avoir, « ignorés et n'y avoir oncques contrevenu et n'avoir trouvé aux archives du château aucun document par les *ruines intervenues et incendies*, » ajoutant qu'il « était disposé à garder les priviléges des habitants, sans préjudice du consentement prêté par eux sur le fait de la réparation des murs de ladite ville......... Tout le temps de ces guerres civiles, les seigneurs de Roquetaillade ont soulagé les habitants du passage des gens d'armes et des contributions aux villes prochaines tenues par ceux de la religion. »

Le guet que les habitants étaient tenus de faire au château fut fixé conformément aux ordonnances de 1479 et de 1504, rendues, la première par Louis XI, et la deuxième par Louis XII, c'est-à-dire au taux de 5 fr.

Le seigneur fut taxé à « distribuer vivres aux habitants en corvée, sans autre salaire. »

Les murs de la ville demeurent à la charge des habitants.

Il est défendu aux seigneurs de faire « autre charge et imposer autre usage aux habitants que de leur consentement. »

Les vins forains seront prohibés et confisqués pour être vendus et le prix être employé du consentement du seigneur « à la réparation des murs de la ville. »

Enfin « seront tenus lesdits sieur et dame de faire le festin aux chefs de maisons de la juridiction, (qui comprenait Mazères, Aubiac et le Nizan) le jour de fête de Noël. »

Ces indications nous ont paru trop curieuses pour ne pas mériter ici une place; elles révèlent d'une manière sensible l'importance de la seigneurie de la Roquetaillade. Cependant, il faut bien le reconnaître, elles ne satisfont pas pleinement l'esprit. On voudrait savoir quelles circonstances donnèrent lieu à la construction, à des époques rapprochées, de deux châteaux, isolés l'un de l'autre par des fossés, mais placés sur le même coteau, et renfermés probablement dans la même enceinte murale. Ces deux monuments étaient-ils liés de manière à n'en former qu'un seul, ou constituaient-ils deux châteaux possédés par des seigneurs unis par des relations réciproques? Ce vieux château représentait-il l'autorité royale, au milieu des manants qu'elle protégeait contre le seigneur, ou était-il lui-même d'origine communale? questions insolubles en l'absence de documents positifs, et sur lesquelles on ne peut essayer que des conjectures.

Nous avons vu que le baron de Lansac attribuait la construction du vieux château au cardinal des Lamothe; on a rapporté de nos jours à ce cardinal, quoique sans preuves, la construction du second château.

Vers la fin du XVIIIe siècle, la propriété de Roquetaillade passa des Lansac aux d'Uzert de Berad, à la charge de porter les armes de Lansac, comme cette famille avait pris celles des Lamothe. D'autres mariages transmirent successivement ce domaine dans la maison de Laborie de Primet, et, en dernier lieu, dans celle de Mauvezin.

En 1548, ce château eut à souffrir des troubles de la gabelle. La révolution de 93 faillit lui être bien funeste; on entreprit même la démolition d'une tour, qui a toujours conservé un niveau inférieur aux autres; mais l'adresse de M. de Laborie sut imprimer une telle lenteur à l'œuvre de destruction que bientôt les niveleurs oublièrent le château de Roquetaillade. Enfin, aujourd'hui, M. de Mauvezin sait apprécier toute la valeur d'un monument qui a ainsi survécu presque intact aux révolutions et qui réfléchit si bien le cachet féodal. Tout concourt, en effet, à lui donner un caractère hors ligne : la couleur même que lui ont imprimé les siècles se joint à sa position et au grandiose de ses lignes pour ajouter à son aspect noble et harmonieux. Cette teinte chaude qu'offrent les murs, et dont l'église de Blazimont présente aussi un exemple, c'est le reflet dont le brillant soleil d'Athènes dore le marbre de Paros, la couleur d'un épi de blé ou d'une feuille d'automne.

Bordeaux, imprimerie de DURAND.

ÉGLISE SAINT-SEURIN,

A BORDEAUX.

ENTRÉE OCCIDENTALE ; PORTAIL MÉRIDIONAL

STYLE ROMAN ; GOTHIQUE SIMPLE.

L'origine de l'église Saint-Seurin rappelle l'introduction du christianisme. On sait en effet que c'était hors des villes, et au milieu des cimetières, que les premiers chrétiens élevèrent leurs basiliques. L'église Saint-Etienne M, dont la construction présentait tous les procédés romains, était placée au nord-est de l'église actuelle, qui ne fut érigée que plus tard, et dont l'emplacement faisait partie d'un cimetière. Une partie de la crypte, N, dite de Saint-Fort, remonte cependant à ces temps reculés, puisqu'elle reçut les tombeaux de saint Seurin, de saint Amant, de sainte Bénédicte et de sainte Véronique, qui y sont toujours conservés ; un conduit souterrain permettait de se rendre de l'église Saint-Etienne à la crypte voisine.

Au XIe siècle, date de la constitution du chapitre collégial, l'église actuelle fut érigée sur la partie de l'ancien cimetière la plus remarquable par sa sainteté, c'est-à-dire sur la crypte, qui fut incorporée dans le nouveau bâtiment. Alors le cimetière ancien se trouva réduit à des dimensions trop exiguës pour les besoins de la population, et on fut obligé de l'agrandir. L'emplacement actuel des allées d'Amour reçut cette destination ; au milieu de ce nouveau cimetière, s'élevait la chapelle Saint-Georges, comme la crypte dite de Saint-Fort dans le cimetière primitif.

Telle fut l'origine de l'église Saint-Seurin, origine que nous avons retracée avec détail dans un travail récent *(Note sur les changements survenus dans l'état de l'église Saint-Seurin, à Bordeaux, et sur son clergé)* ; mais cette église ne fut pas érigée tout entière au XIe siècle ; il n'est pas au contraire de monument dans la Gironde qui offre le plus de pièces de rapport que celui-ci ; toutes les époques sont ici représentées, depuis la lourde colonne romane, avec ses grossières sculptures emblématiques, jusqu'aux ornements si coquets de la renaissance, jusqu'aux châsses modernes.

Les dimensions dans œuvre sont : longueur totale, 64 mètres, sur laquelle le chœur occupe 20 mètres et l'entrée 13 mètres ; largeur des trois nefs, 16 mètres, sur laquelle la nef centrale occupe 10 mètres d'axe en axe des piliers ; longueur du transsept (mesuré de la chapelle de Notre-Dame-des-Roses à la chapelle Saint-Jean) 30 mètres, sur laquelle le chœur occupe dans œuvre une largeur de 8 mètres, la chapelle de Notre-Dame-des-Roses celle de 7 mètres 50 centimètres, et celle de St-Jean, avec une travée intermédiaire, 10 mètres 50 centimètres.

Le chœur, avec ses trois belles fenêtres cintrées, le porche occidental, rappellent le style roman du XIe siècle ; bientôt après furent érigés les deux clochers, placés, l'un sur la porte occidentale, l'autre à droite de la porte méridionale.

Comme à l'église Sainte-Croix de cette ville, les bas-côtés et les voûtes furent construits au XIIIe siècle, au commencement de la période ogivale, en même temps que la chapelle Saint-Jean, formant aussi le bras droit de la croix : les murs extérieurs de cette chapelle ont perdu de leur hauteur.

La chapelle de Notre-Dame-de-Bonne-Nouvelle ou de l'Annonciation A, placée à gauche de l'entrée occidentale de l'église, fut fondée en 1243 par Gaillard Lambert, doyen du chapitre de Saint-Seurin. Restaurée au XIVe siècle, elle a été abandonnée plusieurs siècles après, par suite de l'exhaussement du sol de l'église.

Le XIIIe siècle vit encore ériger le portail méridional B, si éclatant par le luxe de son ornementation. Une inscription funéraire, gravée autour de l'arc trilobé de la porte, est datée de 1267. Un nouveau décor fut aussi appliqué, vers la même époque, contre la porte romane de l'ouest : à son tour, ce placage a disparu pour céder la place à une troisième façade érigée en 1829 ; mais on retrouve encore derrière celle-ci la porte romane primitive.

Au XIVe siècle, une petite chapelle C, formant saillie à l'extérieur, fut ajoutée à l'extrémité ouest du bas-côté nord, près de la chapelle de Notre-Dame-de-Bonne-Nouvelle; cette date est clairement indiquée par le style des nervures, par celui des consoles qui reçoivent les retombées de la voûte, et qui représentent les animaux, sous la figure desquels le moyen-âge a si souvent représenté les évangélistes.

La sacristie D, à la suite de la chapelle Saint-Jean, en tirant vers l'ouest, révèle le XVe siècle, de même que la chapelle de Notre-Dame-des-Roses E, formant tout à la fois le prolongement oriental du bas-côté nord, et à la rigueur l'extrémité nord du bras de la croix latine.

La chapelle Saint-Martial H, aujourd'hui dépendant du couvent de la Réunion, et qui faisait partie intégrante de l'église, fut aussi érigée vers cette dernière époque.

Enfin, le porche polygonal I, au-devant de la porte méridionale, est de la renaissance.

Une grande partie des voûtes s'écroula dans la soirée du 5 septembre 1698. Les piliers, gravement endommagés, furent restaurés en 1700, ainsi que l'indique le millésime gravé sur l'un d'eux, du côté droit; mais ils perdirent alors leurs profils primitifs, et l'église eut à subir d'autres altérations qui modifièrent considérablement son caractère. Ainsi, il fallait descendre auparavant un grand nombre de marches pour entrer dans l'église; le sol fut exhaussé et mis de niveau avec le terrain environnant.

Le cloître était placé contre la façade nord de la nef; des restes d'arcades, les unes romanes, les autres ogivales, en sont les seuls restes : il disparut, de même qu'un brillant jubé qui fermait le chœur, vers 1808; mais M. Lacour a conservé sur ce monument quelques souvenirs précieux que nous devons consigner ici : « Ce cloître ou peristyle, dont les arcades élégantes étaient portées
» par des colonnes accouplées avec grâce, entourait une petite cour carrée, qui fut primitivement le
» *campo sancto* du temple. C'est là qu'on inhumait les premiers pasteurs de l'église de Saint-Seurin.
» Leurs tombeaux et d'autres, incrustés dans le mur, décoraient tout le pourtour du péristyle. L'ar-
» chitecture de ces monuments n'était point de gothique moderne...... Le faîte des colonnes, leur
» agencement, auquel le goût ne trouvait rien à reprendre, s'accordaient parfaitement avec la partie
» supérieure du clocher placé sur la porte méridionale. Nul doute que le tout ne datât de la même
» époque, et ne fût l'ouvrage du même architecte.

» Lorsqu'on abattit ce précieux monument qui en renfermait beaucoup d'autres,...... M. Mazois
» fils releva le plan du cloître et prit les détails de son élévation; nous nous dessinâmes les plus
» jolis tombeaux. Quelques-uns de ces monuments funèbres avaient été anciennement ornés de figures
» peintes à la colle sur le mur; mais le temps et l'humidité les avaient presque entièrement effacées
» (*Bulletin polymathique*). »

Ces indications sommaires suffisent pour justifier l'allégation que nous avons avancée, que dans cette curieuse église la série de toutes les formes architecturales est représentée d'une manière complète. Il est bien peu de monuments sur lesquels on puisse suivre avec aussi peu d'interruption toutes les transformations de l'art, depuis le Ve siècle, dans la crypte, jusqu'à la fin du XVIe siècle ou au commencement du XVIIe, dans le porche méridional.

L'ornementation sculptée ou peinte est aussi remarquable. Tombeaux latins, clés de voûtes, retables, vitraux peints, stalles, siège épiscopal, magnifiques portes avec tympans, archivoltes et pieds droits historiés, etc., voilà les objets qui demanderaient chacun un chapitre à part, si nous voulions nous livrer à un travail complet. Mais, après les dessins dus au crayon de M. Lacour et publiés dans le *Musée d'Aquitaine* et dans *la Gironde*, il n'y aurait qu'une monographie qui pût comprendre ces détails; et nous devons nous borner ici à étudier les deux décors qui font le sujet des planches jointes à cet article.

Entrée Occidentale. — Elle est formée d'une allée longue de 12 mètres, large de 5 mètres 20, divisée dans le sens de sa longueur par trois arcs doubleaux cintrés, soutenus par des colonnes romanes avec chapiteaux à section carrée, et dont les archivoltes sont portées de chaque côté par trois fortes colonnes. Les décors de la façade du treizième siècle sont aujourd'hui presque tous déposés dans un jardin, propriété privée, rue de la Course.

Les chapiteaux de la porte romane offrent à droite : 1° des lions ; 2° des serpents entrelacés ; 3° des oiseaux becquetant une pomme de pin ; à gauche : 1° des feuilles d'acanthe ; 2° des quadrupèdes enlacés dans des feuillages ; 3° le sacrifice d'Abraham. Les mots ABRAHAM et BISAAC ne laissent pas de doute sur la signification de cette dernière sculpture.

Aux extrémités de cette façade, s'élevait de chaque côté une colonne engagée ; le chapiteau de la colonne de droite offre en petit la reproduction du tombeau de Saint-Seurin dans la crypte ; on lit sur ses trois faces autrefois toutes trois apparentes, et dont deux seulement le sont aujourd'hui, les trois inscriptions suivantes *(Actes de l'Académie royale de Bordeaux)* :

QUANDO	SCS SEVERINUS.	SIGNIFICAT
MIGRAVIT		HAC PETRA
A ϟECULO.		SEPULCRUM,
		SCI SEVERINI.

Les bases de ces colonnes engagées sont modernes.

Les arcs doubleaux suivants reposent sur des colonnes dont les chapiteaux représentent des entrelacs, des animaux, etc.

Portail méridional. — La porte centrale, ouvrant sous six archivoltes, est accompagnée de chaque côté d'une porte feinte, encadrée de quatre bandeaux en retraite.

La porte principale est percée sous un arc trilobé, dont les tympans sont décorés par une belle végétation de ceps de vignes ; autour de la dernière moulure de l'arc trilobé, on lit l'inscription suivante :

† ANNO : DNI : M : CC : LX : SEPTIMO : VII : KAL' : IVLII : OBIIT : RAMVDVS : DE : PONTE : CAN : ET : SACDOS : HVI : ECCE : AIA : CVI : REQIESCAT : IN : PACE : AMEN. †

Le tympan est divisé en deux étages : à l'étage inférieur, la résurrection des morts ; ils se dressent dans leurs tombeaux entr'ouverts ; au milieu, l'archange Saint-Michel tenant la balance où il pèse les bons et les méchants ; un diable essaie de faire pencher le plateau de son côté. A chacune des extrémités de cette scène, deux anges, dont un réveille les morts au son de la trompette.

La scène supérieure a pour sujet le Christ assis sur l'arc-en-ciel, les pieds placés sur un escabeau ; à sa droite, un ange tenant la croix et les clous ; à sa gauche, un autre ange portant la lance et la couronne ; dans les angles, deux autres statues agenouillées représentant l'une Saint-Jean, l'autre la vierge couronnée. A côté de la tête du Christ, deux anges sortant des nuages tiennent l'un le soleil, l'autre la lune.

Les archivoltes soutiennent la première (la plus resserrée), huit anges ; les deux plus élevés vont déposer une couronne sur la tête du Christ ; la deuxième archivolte est ornée d'un rang de feuillages ; la troisième présente huit anges, dont les deux plus élevés portent des encensoirs ; la quatrième a pour sujet un rang de feuillages avec divers animaux, des oiseaux, des crapauds, etc. ; la cinquième est décorée de six anges et de quatre séraphins ; les deux plus élevés ont des roues sous les pieds, comme à l'église Saint-André de Bordeaux, à la porte Royale ; la sixième archivolte, enfin, offre un rang de feuillages.

La porte feinte à droite présente, dans son tympan, un évêque se penchant vers un personnage agenouillé, derrière lequel est un lit renfermant un mourant. Ce tympan est encadré de quatre arcatures : une rangée de quatre anges ; un rang de feuillages ; six personnages, parmi lesquels on distingue des évêques ; puis un autre rang de feuillages.

La porte-feinte à gauche présente un portique à trois arcades, qui offre la résurrection du Christ ; au centre, l'ange sur le tombeau entr'ouvert ; à droite, les saintes femmes ; à gauche, les gardes endormis. Quatre archivoltes servent encore ici d'encadrement ; quatre anges, dont les deux plus élevés soutiennent une auréole qui renferme l'agneau portant une croix en pal ; un rang de feuillages ; six personnages ; un rang de feuillages.

Les pieds droits de la porte principale, ceux des portes feintes, sont décorés de quatorze statues de grandeur naturelle, sur un étage de colonnes, qui reposent elles-mêmes sur un soubassement. Les douze statues les plus rapprochées du grand portail figurent les Apôtres; la plupart portent leurs attributs distinctifs. Les deux statues qui terminent cette galerie, une de chaque côté, représentent des femmes; celle de droite a les yeux cachés par la queue d'un serpent qui relève sa tête au-dessus de celle de la femme; une couronne est à ses pieds; une aumônière est pendue à sa ceinture; elle tient un long bâton à la main gauche, et va laisser tomber un livre qu'elle tient de la main droite. La femme de gauche est couronnée; un étendard est dans sa main gauche; la main droite restaurée tenait probablement autrefois un livre. Le premier personnage représente l'ancienne loi, dont le Christ a fermé le règne, et la deuxième la loi nouvelle qui s'élève radieuse sur les ruines de l'ancienne.

Cette belle porte est un des monuments les plus curieux que nous ait laissé le treizième siècle. Une restauration au mastic vient d'en être effectuée; plusieurs détails qui étaient brisés ont été refaits : enfin un badigeon a été étendu sur cet ensemble et empêche aujourd'hui de discerner les parties nouvelles des parties anciennes : aussi avons-nous cru devoir nous abstenir plus d'une fois de mentionner les attributs caractéristiques des personnages.

CHATEAU DU ROI, A SAINT-ÉMILION.

ARRONDISSEMENT DE LIBOURNE.

Cette tour quadrilatère est assise sur un piédestal qui fait partie d'un rocher calcaire; l'architecte n'a eu la peine de l'isoler, à l'aide de fossés, que du côté du plateau avec lequel le terrain sur lequel elle est assise se reliait au sud-ouest. Sa base occupe un espace rectangulaire de 9 mètres 33 centimètres, sur 9 mètres 50 centimètres; et ses murs épais de 2 mètres 30 centimètres à 2 mètres 50 centimètres, défendus aux angles et sur le milieu des faces par des contreforts très-aplatis, s'élèvent sur une hauteur de 14 mètres 50 centimètres.

Une pièce est établie à chaque étage; celle du rez-de-chaussée a seule conservé sa voûte en berceau, dans laquelle l'ogive est à peine reconnaissable. Un escalier à vis, pratiqué dans l'épaisseur du mur, conduit dans la pièce supérieure, dont la voûte a disparu; ici les restes d'un escalier droit, partant de l'embrasure d'une fenêtre, et qui devait s'élever sur la terrasse, subsistent seuls, ainsi que deux tours massives qui couronnent le mur du côté du plateau.

Quelle est la date de cette construction? A quelle circonstance est due son érection? Les recherches faites par M. Guadet nous permettent de répondre à ces questions. En 1224, Louis VIII, après avoir chassé Henri III, roi d'Angleterre, de la partie du duché d'Aquitaine, située au nord de la Garonne, assura à la ville de Saint-Émilion la possession de sa commune et la conservation de ses remparts; mais il voulut poser en même temps une sorte de contrepoids à ces concessions, et il se réserva le droit d'ériger une forteresse où bon lui semblerait. Cette forteresse, c'est sans doute celle dont nous venons de décrire les ruines. Tout autorise du moins à le penser : l'ogive de la pièce inférieure révèle bien le XIIIe siècle, et il faudrait méconnaître les caractères de l'architecture militaire féodale pour oser dire que les cintres de quelques ouvertures ne permettent pas d'assigner à ce monument une date aussi récente.

PORTE DE LA MER, A CADILLAC.

ARRONDISSEMENT DE BORDEAUX.

D'après les renseignements qui nous sont fournis par le *Recueil des privilèges, franchises et libertés, sous lesquels étaient régis et gouvernés les bourgeois, manants et habitants de la ville, terre et seigneurie du Cadillac* (Bordeaux, P. Albespy, 1770), l'enceinte de cette ville ne remonte qu'au XIVe siècle; les quatre portes connues sous les noms de porte de la Mer, à l'ouest; porte Ste-Anne ou de l'Horloge, au sud; porte de Bénauge, à l'est, et porte de l'OEuille, au nord, et qui, selon une charte du 12 septembre 1315, devaient être à la charge du seigneur Pierre de Grailly, vicomte de Castillon et de Bénauge, furent laissées, d'après une autre charte du 6 février 1366, aux frais des habitants. De ces diverses parties, la porte de la Mer est celle qui a été conservée le plus intacte, quoique deux de ses arcs aient été exhaussés, il y a peu d'années. Ajoutons que cette porte est non-seulement la plus curieuse, mais qu'elle a encore paru à M. Mérimée offrir un type assez remarquable, pour qu'il en ait donné un dessin dans les *instructions sur l'architecture militaire* qu'il a rédigées, de concert avec M. Alb. Lenoir, au nom du comité historique des arts et monuments. C'est au même titre que cette porte a trouvé place dans ce Recueil, et que nous en présentons deux vues, une prise du côté de la ville, l'autre à l'intérieur du massif.

Une porte remplacée quelquefois par un pont-levis, puis une herse et une seconde porte, tels sont, on le sait, les moyens de résistance que présentent le plus souvent au moyen-âge les entrées des châteaux et des villes. A Budos, à Villandraut, à Roquetaillade, on a trouvé des exemples de ce genre; ces deux derniers châteaux offrent, en outre, dans l'intérieur du passage d'entrée, une fente parallèle aux portes, qui permettait de lancer à couvert des projectiles sur l'assaillant depuis les étages supérieurs. La tour qui couvre la porte d'entrée du vieux château de Roquetaillade présente aussi une voûte percée de trois trous rectangulaires, dont les diagonales suivent la direction de celle de cette voûte. La tour qui protège la porte de Cadillac va nous offrir, pour ainsi dire, le plus grand développement de ses divers moyens de défense.

Son plan est un quadrilatère qui se rapproche beaucoup du carré; à l'intérieur, le massif posséda deux planchers qui ont tous deux disparu. Le sommet des murs, qui s'élève à une hauteur de vingt-un mètres, est découpé sur toutes ses faces en créneaux; du côté de la rivière et des fossés, ces créneaux sont portés par des machicoulis; extérieurement, du côté de la ville, on remarque à la hauteur du premier étage un chemin de ronde établi sur une retraite que forme la tour, et auquel on parvient par un escalier placé à gauche. Sur ce chemin de ronde ouvrent trois arceaux en ogives, auxquels correspond à l'intérieur de la Tour la saillie de six machicoulis. Trois meurtrières sont percées en face des ouvertures ogivales, dans le mur que supportent les consoles, et qui est destiné à mettre les gens d'armes à couvert. C'est ainsi que des soldats se trouvaient parfaitement à l'abri pour fatiguer par les meurtrières et par les machicoulis l'ennemi qui se trouvait engagé dans le passage.

Une échelle placée extérieurement sur le chemin de ronde permettait d'arriver à une ouverture supérieure protégée par un moucharaby. Cette échelle enlevée, les hommes qui avaient pu pénétrer dans l'étage supérieur étaient encore en mesure de soutenir une longue lutte. Les créneaux leur offraient aussi un nouveau moyen de défense. Cette absence d'escalier et ces portes placées à de grandes hauteurs, où l'on ne pouvait arriver qu'à l'aide de moyens faciles à enlever, se font remarquer, dans un grand nombre de monuments militaires du moyen-âge; on les retrouve dans plusieurs châteaux du pays. Citons ici seulement ceux de Roquetaillade, de Preissac, de Brugnac, de Budos.

CHATEAU DE CADILLAC; VUE D'ENSEMBLE; CHEMINÉE.

ARRONDISSEMENT DE BORDEAUX.

Jean-Louis de Nogaret de la Vallette, duc d'Epernon, était devenu par son mariage avec Marguerite de Foix de Candale possesseur du riche patrimoine de Candale. L'ancien château de Cadillac, qui n'était sans doute autre chose que la citadelle de cette ville, n'offrait pas des dispositions convenables pour cette royauté provinciale, habituée au luxe de la Cour. Ce seigneur résolut donc de remplacer le vieux monument féodal par un bâtiment moderne, qui rivalisât avec le luxe des habitations royales, dont Fontainebleau lui offrait le modèle. Telles durent être les idées qui déterminèrent la construction du beau château qui, malgré les actes de vandalisme exercés vers 93, retrace encore si bien par son grandiose l'éclat dont s'entourait le mignon de Henri III.

Trois avant-corps, un au centre et un à chaque extrémité, sont unis par des lignes de murs placées à dix mètres environ en retraite, et forment un ensemble qui se développe sur une longueur de 50 mètres. Le rez-de-chaussée présente les mêmes divisions que le premier étage. L'escalier occupe le pavillon central; de chaque côté, sont deux vastes salles, ayant une hauteur de cerveau de 6 mètres environ. Le pavillon du centre s'élève encore de deux étages, au-dessus des autres parties; son faîte, porté à une hauteur de 25 mètres, est recouvert, de même que ceux des extrémités, en ardoises. Les soubassements sont, par leur large développement, leur aération, le jour qui y pénètre, une des parties les plus remarquables de ce monument.

Au-devant du corps de logis, entre les deux ailes, s'étend une cour d'entrée, et sur le derrière un vaste jardin, bordé par le ruisseau de l'OEuille : de larges fossés ont été creusés au sud, non dans un but de défense, mais pour indiquer la dignité de l'habitation. Les fondements de cette construction furent jetés en 1598, selon Girard, l'historien de la vie du duc d'Epernon. « Tout le corps des » bâtiments, dit cet écrivain, était fait avant sa mort (1642), et il ne restait que quelques petits or-» nements à achever; ce qu'il n'aurait pas laissé à faire à ses successeurs, si les disgrâces qui le tirè-» rent de son gouvernement ne l'eussent obligé d'avoir d'autres pensées. »

On sait que le duc d'Epernon s'était attaché l'architecte Langlois et le sculpteur Girardon. Tels sont, sans doute, les artistes auxquels revient l'honneur d'avoir élevé un monument dont l'ensemble, comme les détails, rappellent le goût de l'Italie. Ce furent ces mêmes artistes qui, plus tard, érigèrent, dans une chapelle de l'église collégiale fondée par le duc, un superbe mausolée qui ne put échapper au vandalisme de 93. Une renommée en bronze, œuvre de Jean de Bologne, a seule été sauvée de la destruction, et fait aujourd'hui partie de la liste civile.

Quatre cheminées révèlent encore aujourd'hui le luxe qui régnait autrefois dans la décoration de ce monument. M. L. Drouyn a déjà dessiné (Paris, 1844; *Lemercier, imprimeur*) celle qui orne la chambre du fond au premier étage. Celle qui fait ici le sujet d'une planche n'est pas moins remarquable : au-dessus du manteau de la cheminée est un vaste cadre à riche bordure; sur le manteau, et au devant de la partie inférieure de ce cadre, deux personnages nus sont couchés sur des faisceaux d'armes. De chaque côté, sont deux femmes debout et demi-nues. Sur la corniche, deux femmes sont couchées, appuyées sur le coude, les seins découverts; entre ces femmes est un écu dont les armoiries ont été effacées, et derrière elles, de chaque côté, un lion couché, image de la force.

La ville de Cadillac n'offrait encore que sa citadelle, et déjà les rois semblaient affectionner particulièrement son séjour. Henri, Roi de Navarre, et plus tard Roi de France, s'y arrêta le 31 mars 1565, le 31 août 1574; il y résida du 23 janvier 1581 au 22 février suivant, le 28 du même mois, enfin du 6 au 16 mars suivant. Le nouveau château reçut souvent des hôtes non moins illustres. En 1620, Louis XIII coucha dans la chambre qui donne sur la terrasse. Plus tard, Louis XIV, sa mère, Philippe duc d'Anjou son frère et le cardinal Mazarin y firent aussi une courte résidence. Louis XIV et sa mère y reçurent encore, au mois de décembre 1659, c'est-à-dire après la mort de Nogaret, une brillante fête; le même Roi s'y arrêta de nouveau, en allant à Saint-Jean-de-Luz pour son mariage.

Le duché de Cadillac ne resta pas long-temps dans les mains de la famille d'Epernon. Bernard de Nogaret de Lavalette, deuxième fils du duc, mourut en 1661, sans laisser aucun héritier direct de son nom. Alors le patrimoine des Foix revint aux seigneurs de ce nom; et la mort de Jean-Baptiste Gaston de Foix de Candale, sans enfants mâles, donna lieu au démembrement et à l'aliénation de ces seigneuries qui, par l'alliance des Bordeaux, des Grailly, des Foix, des Candales, des d'Epernon, avaient fini par former un si riche apanage.

Pendant la première moitié environ du XVIIIe siècle, le château de Cadillac fut la propriété du comte de Moncassin. En 1747, il passa par voie de succession dans les mains du comte de Preissac, qui ne le posséda que peu d'années (il mourut en 1751), mais dont la famille le conserva jusqu'aux approches de la révolution. En 1793, il fut mis en vente, et un architecte de Bordeaux, à qui il fut offert pour le prix de 6,000 fr., refusa d'en faire l'acquisition. Il fut rendu en 1808 au dernier comte de Preissac, qui le vendit à l'Etat en 1817. Il allait être démoli, lorsque, sur la proposition de M. le comte de Tournon, préfet de la Gironde, le gouvernement décida que ce bâtiment serait affecté à une maison centrale de détention pour les femmes. M. Laîné, alors ministre de l'intérieur, avait adopté avec empressement cette idée; aussi, d'après ses ordres, les deux ailes, déjà démolies, furent bientôt relevées, les autres parties furent restaurées, et ce château reçut en 1822 la destination de prison qu'il a toujours conservée depuis ce moment.

CHATEAU DE VAYRES.

ARRONDISSEMENT DE LIBOURNE.

Le château de Vayres présente deux styles bien tranchés d'architecture : le style gothique et celui de la renaissance. Au style gothique appartiennent deux tours carrées; l'une au nord A, saillante et offrant une face de 4 mètres, l'autre au sud B, couvrant une surface de 15 mètres sur 12; la première recouvrait la porte d'entrée indiquée par une ogive aujourd'hui fermée; la dernière était sans doute le donjon du château primitif.

Ces deux tours sont placées sur les petits côtés d'une cour rectangulaire : un vaste corps de logis C, long de 58 mètres, qui s'étend parallèlement à la Dordogne, relie et masque ces anciennes constructions du côté de la rivière. Une liaison dut toujours exister sur cette ligne entre les deux tours aujourd'hui debout, et probablement le mur de façade actuel est établi sur des fondements antérieurs; mais les créneaux, les machicoulis, qui couronnent ce côté du bâtiment, sont d'une date postérieure; les croisées, le pavillon saillant au milieu de cette face ne remontent qu'au XVIIe siècle. En 1650, le cardinal Mazarin avait ordonné la démolition du château de Vayres, qui, sous les ordres du capitaine Richon, avait opposé une vigoureuse résistance au commandant de la Meilleraye; mais une partie seulement était renversée, lorsque, pour éviter la ruine du château de Lormont appartenant à l'archevêque de Bordeaux, et auquel s'étendait l'ordre de Mazarin, Mazarin suspendit l'effet de la résolution qu'il avait prise; la démolition du château de Vayres fut donc arrêtée. Alors Jacques-Joseph de Gourgues, évêque de Bazas, et son frère, le firent restaurer et ajoutèrent les parties que nous venons de mentionner. Ce fut aussi à cette époque que la grande tour fut percée de fenêtres et qu'une porte remplaça, au sud et à l'ouest de cette tour, l'ancienne porte D, avec un pont-levis.

Le dessin représente ces dernières parties vues de l'intérieur de la cour; le donjon avec une tourelle en cul de lampe, renfermant un escalier, et dépassant le niveau du donjon; un mur E F, coupe en deux la cour intérieure; celle, dans laquelle on arrive après avoir franchi la porte d'entrée, était la cour des palefreniers; la seconde était celle du seigneur. Douze niches pratiquées dans le mur de séparation de cette dernière reçurent, dit-on, les statues des douze apôtres.

Le château de Vayres est un de ceux dont l'histoire est la mieux connue; les chroniqueurs de Libourne ont constaté avec soin et les faits d'armes qui se sont accomplis sous ces murs et les noms des divers seigneurs.

Raymond Gombaud le possédait en 1241. Au XIVe siècle, il était passé dans les mains de la famille d'Albret. Le 15 mars 1417, Henri V, Roi d'Angleterre, donna la terre de Vayres à Gaston de Foix, vicomte de Castillon, à cause de la forfaiture du précédent possesseur *(occasionne rebellionis prædicti domini de la Bret.* Rymer, II, 2, 195). En 1451, elle rentra dans les mains de la famille d'Albret; enfin, en 1582, Marc-Antoine de Gourgues, président au parlement de Bordeaux, en fit l'acquisition. Vers cette époque, Henri IV coucha à Vayres; mais l'époque de ce séjour est restée indéterminée; ce fait nous est seulement confirmé par le souvenir des meubles qui servirent au Roi de France, et qui ont été conservés jusqu'à la révolution de 93; les relations qui avaient existé entre plusieurs membres de la famille de Gourgues et Henri, Roi de Navarre, donnent à cette circonstance un nouveau degré de probabilité (1).

A l'époque des troubles de la fronde, plusieurs faits d'armes, dans le détail desquels nous ne pouvons entrer, eurent le château de Vayres pour théâtre; nous avons signalé les suites du siège de 165 0.

Louis XIV érigea la baronnie de Vayres en marquisat, en faveur de Jean de Gourgues, auquel il accorda aussi, en 1643, des provisions de Conseiller d'Etat.

RUINES DU PALAIS CARDINAL A SAINT-ÉMILION.

ARRONDISSEMENT DE LIBOURNE.

Les restes du monument qui porte ce nom consistent en une façade faisant partie des murs de ville donnant sur les fossés d'enceinte : deux étages intérieurs sont clairement indiqués par deux rangs d'ouvertures cintrées, de style roman. A quelque distance vers l'ouest, le mur d'enceinte offre encore d'autres ouvertures analogues, mais qui ne sont pas disposées avec la même régularité. Des habitations particulières furent donc adossées à ces fortifications, dès l'époque romane.

Les murs de Saint-Émilion furent élevés, selon M. Guadet, dans l'intervalle de 1110 à 1224. Le palais cardinal ne saurait être très-postérieur à cette date.

Les recherches faites jusqu'à ce jour n'ont rien appris sur le nom de celui qui fit ériger cette construction; la seule conséquence qu'il faille tirer de son nom, *Palais Cardinal*, est qu'à une époque inconnue, mais sans doute postérieure à son édification, ce monument servit d'habitation à un dignitaire de cet ordre, peut-être à Gaillard de Lamothe.

---

(1) La considération accordée par Henri aux de Gourgues ressort des deux lettres suivantes que nous empruntons aux *Etrennes de la noblesse pour les années 1772 et 1773*; elles ont été omises dans le recueil des lettres de ce roi publiées sous les auspices du gouvernement.

1° Lettre adressée par Henri, roi de Navarre, le 11 mai 1572, à Dominique de Gourgues, après qu'il eut pris sur les troupes espagnoles et remis au pouvoir de Charles IX, la forteresse de Blaye et plusieurs autres places :

« Capitaine Gourgues, je vous ai fait dépêcher les lettres d'attache que vous m'avez demandées, pour faire la levée de votre compagnie. Vous tiendrez la main, tant qu'elle y sera, qu'elle s'y comporte le plus paisiblement, et avec le plus grand soulagement du peuple que faire se pourra; ce que je m'assure que vous ferez. J'eusse été bien aise de vous voir, si votre santé l'eût permis, vous assurant que fussiez été le bien venu, comme vous serez toujours, quand vous me viendrez trouver, et vous ferai connaître, là où j'en aurai le moyen, la bonne volonté que je vous porte d'aussi bon cœur, que je prie Dieu vous tenir en sa sainte et digne garde. — Votre bon ami, Henri. »

2° Lettre adressée par Henri IV, roi de France, le 18 mai 1586, à Ogier de Gourgues, qui venait de remplir les fonctions d'amiral de France, pendant l'absence de Honorat de Savoye :

« Mons de Gourgues, j'ai toujours eu beaucoup de satisfaction et de contentement de vos services ; mais vous m'en avez fait un bien à propos en cette dernière occasion, où vous avez employé votre crédit pour le recouvrement des deniers qui ont été empruntés en ma ville de Bordeaux; de quoi je vous ai bien voulu témoigner par cette lettre que je vous sais très-bon gré, et du devoir que vous rendez auprès de mon cousin, le maréchal Matignon, en ce qui se présente pour le bien et avancement de mes affaires, vous priant de continuer, et vous assure que je reconnaîtrai à votre honneur et avantage, comme j'ai donné charge au sieur de Pardaillan de vous dire, sur lequel me remettant, je prierai Dieu, Mons de Gourgues, qu'il vous aie en sa sainte et digne garde. Henri. »

ABSIDE DE L'ÉGLISE SAINTE-EULALIE,

A BORDEAUX.

GOTHIQUE FLEURI.

Au VIIe siècle, une abbaye de filles existait à Bordeaux sous l'invocation de Sainte-Eulalie; le seul renseignement que l'on possède sur cette fondation est le nom d'une abbesse, Childemarche ou Hildemarche, qui établit aussi un monastère à Fescan, en Normandie. Sur les fondements de cette abbaye s'éleva sans doute l'église Sainte-Eulalie, à laquelle, deux siècles plus tard, Charlemagne fit don, d'après les chroniques, des reliques de sept martyres qui avaient trouvé la mort à Lectoure, pour avoir refusé d'offrir un sacrifice à Diane : saint Clair, saint Justin, saint Jéronce, saint Babyle, saint Jean, saint Polycarpe, saint Sevère, martyres dont ce sanctuaire conserve toujours les restes

En 1174, l'archevêque Guillaume Ier, dit *le Templier*, fit la consécration de l'église de Sainte-Eulalie; alors un chanoine de Saint-André reçut le titre de curé primitif; le pape Alexandre III confirma ces dispositions. Plus tard, elle posséda un collége de bénéficiers, dont Pierre de Bosco, chantre et chanoine de la cathédrale, approuva les règlements le 9 juin 1487.

Le plan de cette église consiste en une nef centrale, accompagnée de deux bas-côtés qui se terminent carrément chacun par une chapelle. Longueur totale 50 mètres 80 centimètres, sur laquelle l'abside occupe 7 mètres 60 centimètres, et le chœur à la suite 8 mètres 30 centimètres; largeur totale 20 mètres 80 centimètres, sur laquelle la nef centrale occupe 8 mètres 30 centimètres; hauteur sous clef de la nef 13 mètres environ, des bas-côtés 9 mètres.

Cet ensemble, on le suppose déjà, n'est pas d'un seul jet; les parties les plus anciennes sont même postérieures à l'époque de la consécration : peut-être cette cérémonie eût-elle lieu, comme cela arrivait fréquemment, dans le chœur de l'église qui ne fut achevée que plus tard; et la disparité de décor qui en résultait est peut-être aussi le motif qui fit ensuite renverser cette abside primitive. Quoi qu'il en soit, le style le plus ancien dont on retrouve des traces est celui du XIIIe siècle, que l'on reconnaît dans les colonnes, dont quelques-unes seulement ont conservé leurs chapiteaux à crochets, et dans une partie des voûtes, celles des bas-côtés principalement, dont les arêtes sont toutes arrondies; nous devons aussi noter, dans les voûtes, quelques arcs qui descendent verticalement, après leur courbure, avant de pouvoir se reposer sur les chapiteaux, dont toute la saillie est occupée par l'assiette de la nervure. Le retrait des moulures du chapiteau, en rachetant le porte à faux qui résulte de cette tombée, par rapport au pilier inférieur, donne au premier coup d'œil à cet ensemble l'aspect d'un fer à cheval; mais un instant d'attention suffit pour dissiper cette illusion d'optique.

La plus grande partie des voûtes a été remaniée à diverses époques, mais principalement au XIVe et au XVe siècle : les chapelles qui terminent à l'*est* les bas-côtés, celle qui occupe l'angle nord-ouest, et qui semble avoir été taillée d'un seul jet hors de place pour un espace plus grand que celui qu'il fallait couvrir, sont du XIVe siècle. La date du mur de l'ouest nous est attestée par deux inscriptions que voici :

1372. 1373. 1375.

ANNO : DNI : M : CCC : LXXII : QUE : LA : TERA : TR
EMBLET : LO : TERT : JORN : DE : MART : QUE : FO :
LO : PRUMEY : JORN : DE : CAREYME : EN : LA : HO
RA : DE : MEJA : NUYT : ITEM : TREMBLET : LA : T
ERA : LO : DIALUS : ABANT : SENT : URBAN : QUI : F
O : LO : XXIII : JORN : DE : MAY : LAN DE : NRE : S
M : CCC : LXXIII : ITE : EN : LAN : DE : NRE : S : M : CCC : LXX
V : BALE : I BOYSET : DE FORMEN : X : » : CAQUES
T : AN RAMON : DEBU : AC : FI FA LO : PORTAU.

L'an du Seigneur mil trois cent soixante-douze que la terre trembla, le troisième jour de Mars, qui fut le premier de Carême, à l'heure de minuit; de même trembla la terre le lundi avant la

Saint-Urbain, qui fut le 25e *jour de Mai, l'an de notre Seigneur mil trois cent soixante-treize; de même l'an de notre Seigneur mil trois cent soixante quinze, vaut un boisseau de froment, dix liv.; cet an, Raymond Debu* (étant ouvrier); *et fut fait le portail.*

Cette inscription n'est pas seulement intéressante parce qu'elle donne la date de la construction du portail, mais aussi parce qu'elle fixe sur la valeur à une époque reculée d'une denrée prise souvent pour terme de comparaison, et parce qu'elle mentionne l'existence de deux tremblements de terre, ou tout au moins, en supposant quelque exagération dans les termes, de deux violentes tempêtes.

La deuxième inscription est encastrée dans le même mur, derrière l'orgue, au-dessous de la précédente; celle-ci donne la date de l'achèvement de la voûte de cette travée; il était facile de la mettre à la fin du XIVe siècle, en voyant les arêtes de la voûte glisser et s'applatir sur les piliers demi-circulaires.

AQUESTA BOUTA FO
ACABADA LAN MIL
C.C.C. IIII E XVIII EN LO
MES DE OCTOBRE. ɪ/c.
DE COPINHE OBREY
AQT MEDIS MES
FOR CRIDADAS LAS
TREULAS P XXVIII AS.

Cette voûte fut achevée l'an mil trois cent quatre-vingt dix-huit, dans le mois d'Octobre, de Copinhe étant ouvrier. Au milieu de ce mois furent criées les trèves pour vingt-huit ans.

De même que la précédente, cette inscription nous apprend un fait indépendant de ce qui a trait à l'église, et qui doit fixer l'attention. Si on se reporte à l'histoire générale pour savoir quelle est la trève de vingt-huit ans qui fut conclue vers cette époque, on trouve que c'est la trève de Lélinghen, en 1396, époque à laquelle un traité de paix de vingt-huit ans fut en effet signé entre Charles VI et Richard II. Ce traité n'aurait été publié, d'après cette inscription, que deux ans après en Guienne.

Dans les bas-côtés ont été percées des chapelles de différentes époques; sur la face sud, la chapelle qui a reçu les reliques dont nous avons déjà parlé, puis, la sacristie encastrée dans l'angle sud-est, formé par cette chapelle et le corps principal de l'église. Ces deux constructions, quoiqu'elles n'aient pas été érigées en même temps, sont toutes deux de la fin du XVe siècle.

Le style de leur architecture est d'accord avec la forme des caractères de l'inscription suivante, destinée à perpétuer le souvenir du don fait par Charlemagne au sanctuaire qui venait d'être réédifié. Elle est encastrée dans un pilier, près de l'entrée, et à gauche de la chapelle qui contient toujours les reliquaires.

KAROLUS MAGNUS HAC CA
PELLA FUDAVIT, ET RETRO ALTARE SEPTE
CORPORA SCORŪ REPOSUIT QUI P. FIDE
XRI MARTIRIO CORONATI SŪT, QUORŪ
NOIA SŪT CLARIUS ET JUSTINUS ET GE
RONCIUS ET SEVERUS ET POLICARPIUS
JHAES ET BABILIUS

Au-dessous, la même inscription est reproduite dans les termes suivants sur une table de marbre noir. *L'an* 811, *Saint Charlemagne, roi de France, a fondé cette chapelle, et mis, au derrière l'autel, les sept corps des Saints qui reçurent la couronne de martyre pour la défense de la foi de J.-Ch., les noms desquels sont Saint Clair, Saint Justin, Saint Jéronce, Saint-Sévère, Saint Polycarpe, Saint Jean et Saint Babyle.*

Traduit en français l'an 1671, *étant curé de la paroisse M. de Massiot.*

Sur la face nord, une saillie entre deux contreforts a reçu la chapelle dédiée à Saint-Roch. Ce sanctuaire a été orné récemment d'un retable de la fin du XIVe siècle, découvert dans la chapelle de la Vierge, derrière la boiserie de l'autel. Ce retable a pour sujet trois scènes sculptées : au milieu, le crucifiement; à droite, la flagellation; à gauche, le baiser de Judas. Au-dessus de ces deux bas-reliefs, sont deux pierres peintes : à droite, l'apparition de Jésus à Magdeleine sous l'apparence d'un jardinier ; à gauche, l'annonciation.

Cette même face présente une porte d'entrée, ouverte au XVe siècle, puis le clocher qui s'élève sur une voûte du bas-côté : un premier clocher, de style gothique simple, a disparu, et n'a laissé qu'une base qui supporta, deux siècles plus tard, un nouveau clocher, dont la tour, à section carrée, présente trois étages avec fenêtres, ayant une hauteur totale de 38 mètres 45 centimètres; les caractères du gothique flamboyant se reconnaissent aisément sur cette tour, de même que sur la flèche qui la couronne, mais dont le pied seul subsiste, et qui, joint à un étage en forme de base, présente une hauteur de 9 mètres.

A l'est, l'abside s'avance extérieurement au-delà des bas-côtés et se termine par cinq faces rectilignes; celle du centre présente une excroissance demi-cylindrique construite après coup; les extrémités des bas-côtés offrent aussi, au milieu, de petites saillies dans le bas; et, au sud, la tête du collatéral est couverte par une dépendance de la sacristie, qui s'étend sur ce dernier bâtiment.

L'époque à laquelle fut érigée l'abside est facile à déterminer, d'après les ornements dont elle est chargée. Ces arcs en doucine, ces crosses qui ondulent, ces niches renfermant les statues de la Vierge, de saint Jacques, d'un apôtre, de saint Martial, de sainte Eulalie, d'une seconde Vierge, tout cela ne peut appartenir qu'au brillant XVe siècle ; c'est encore l'époque de la partie supérieure du clocher. Voici, pour nouvelle et plus certaine preuve, une inscription gravée à l'extérieur sur des bandes de fer :

```
AQEST CAP DE GLEYSA
ES ESTAT FEYT DEUS BES DE
MOSSE IBES DE CAPABE BE
NEFICIAT DE LA DEYTA GLEYSA
E FO COMESAT LO MES DE MES
LA M. CCCCLXXVI OBRY Gen DE LESTONAC
```

Cette tête d'église a été faite des biens de Ives de Campanbe, bénéficier de ladite église, et fut commencée le mois de mai l'an 1476, étant ouvrier Guillen de Lestonnac.

C'est sans doute ce Guillen de Lestonnac qui, selon les chroniques de Bordeaux, fut élu jurat en 1499, 1525, 1533 et qui remplit aussi les fonctions de prévôt en 1515.

Enfin, pour ne rien omettre, nous devons noter un lutrin moderne, dont la caisse offre de jolies sculptures sur bois représentant diverses scènes de la vie du prophète Elie, puis une inscription funéraire de la renaissance (1525), et qui rappelle le souvenir d'un Guirault de Pomiers.

CHATEAU DE RAUZAN.

ARRONDISSEMENT DE LIBOURNE.

Ce château appartient à la classe des monuments militaires, dont le donjon, dominé par une tour, est lié à une vaste cour polygonale. La cour de celui-ci a dans œuvre, dans sa plus grande longueur, 56 mètres, et dans sa plus grande largeur, 33 mètres. C'est un décagone renforcé de contreforts saillants aux angles et sur les courtines. Les contreforts des angles sont beaucoup plus développés que ceux des faces ; et, du côté de l'ouest, ils deviennent de petites tours quadrilatères garnies de meurtrières. Les faces offrent aussi plusieurs de ces percées.

Au nord, cette enceinte n'a pas de fossés, ou plutôt son fossé est formé tout naturellement par la déclivité du côteau. Mais au midi, du côté de la porte, ce nouveau moyen de défense a été pratiqué : on franchit aujourd'hui cet espace sur un pont à trois arches. Ce passage était jadis défendu par des ouvrages extérieurs s'élevant du bas du fossé, et dont il ne subsiste plus que les fondements.

Le donjon s'élève à droite du pont qu'il semble aussi protéger. Le diamètre extérieur de la tour est de 8 mètres 50 centimètres ; son diamètre intérieur de 5 mètres ; elle s'élève à une hauteur de 30 mètres environ, couronnée par une terrasse surmontée d'un lanternon.

L'angle, formé à l'intérieur par cette tour et le mur d'enceinte, est occupé par d'autres bâtiments d'habitation de diverses époques. Quelques ouvertures dénotent la fin du XIIIe siècle ; c'est la date de la construction du monument ; mais il a reçu des additions postérieures. Ainsi, une tour octogonale, en retrait dans la cour, offre une jolie porte du XVe siècle, et les armoiries qui la décoraient auraient pu nous dire le nom du seigneur qui la fit édifier, si la révolution n'avait laissé ici son empreinte délétère. Des fenêtres à meneaux rectangulaires peuvent appartenir à la même époque : mais elles ont été percées après coup ; car, à côté d'une de ces ouvertures, on remarque encore des restes d'ogives.

La date la plus reculée sur Rauzan, que nous fournisse l'histoire locale, est le commencement du XIVe siècle. En 1313, Guillaume-Raymond de Gensac est qualifié seigneur de Rauzan et de Pujols ; en 1331, ce château est possédé par Guillaume Amanieu (1) ; le 28 octobre 1341, Édouard III révoque la concession faite à Amanieu des châteaux de Rauzan et de Pujols (*quod sit in exeredationem Guillelmi Reymondi de Duroforti*) ; en 1377, Guillaume Aramon de Madaillan porte le titre de Seigneur de Rauzan ; la même qualité est donnée en 1408 à un autre membre de cette famille, à Guillaume Amanieu de Madaillan ; en 1437, Bernard Angevyn, ce personnage, qui obtint tant de faveurs de la part des rois d'Angleterre, reçut en don, le 21 mars, le château, la terre et la seigneurie de Rauzan (*castrum, terram et diminium de Rauzan*) ; et, en 1438, Henri VI lui donna le château et la seigneurie de Pujols. Bientôt, Bernard Angevyn, voulant jouir de toute l'étendue de ses privilèges, fit procéder à une enquête pour rechercher les droits qui se rattachaient à ces terres ; et peu après, il fut confirmé par le souverain, à la générosité duquel il en était redevable, dans la possession de la terre de Rauzan. Mais ces simples donations étaient essentiellement précaires et révocables. Un état de choses si incertain ne pouvait satisfaire l'avidité d'Angevyn ; aussi, en 1445, obtint-il la faveur de pouvoir disposer, selon sa volonté, des châteaux, terres et seigneuries de Rauzan, de Pujols et de Blazimont.

Bernard Angevyn eut deux fils, Henri et Jacques. Le mariage de Jeanne, fille de Jacques Angevyn, avec Jean de Durfort, fils de Gaillard de Durfort, chevalier, seigneur de Duras, qui eut lieu le 13 décembre 1478, fit passer dans la maison de Durfort les seigneuries de Rauzan, de Pujols et de Civrac. Jean de Durfort, leur fils aîné, institua François de Durfort, son frère puîné, son héritier universel. Peu après, en 1520, il reçut de son père, par voie d'héritage, les seigneuries de Duras et de Blanquefort. La même année, François Ier lui accorda, par lettres-patentes du mois de septembre, et en récompense de ses services, l'établissement de quatre foires par an à Blanquefort, et d'un marché par semaine sur chacune des places de Rauzan, de Duras, de Pujols et de Villandraut.

Enfin, Louis XVIII érigea la terre de Rauzan en comté, en faveur de Jacques de Durfort.

C'est encore dans les mains de cette famille que se trouvent, non plus le château gothique, mais ses ruines, qui bientôt, si l'autorité n'intervient, auront totalement disparu. Selon M. Bernadau, M. Foulques Durfort, quelques années avant d'émigrer, vendit la couverture du château. Dès-lors, la voie fut ouverte aux actes de vandalisme qui se continuent sous nos yeux.

---

(1) Le titre de seigneur de Rauzan est donné à ce personnage dans une charte de 1331 (*Rôles gascons*), par laquelle Édouard III lui permit de construire un fort sur le coteau du *Cypressat* (commune de Cenon-la-Bastide). Delà dérive la possession par les seigneurs de Rauzan du droit de délivrer une branche de *cyprès* à tout navire sortant du port de Bordeaux, moyennant une redevance de dix-huit ardits, dont six pour le roi et douze pour le seigneur de Rauzan. Mais l'origine de ce droit est antérieure à la date citée : à l'appui de plaintes que Bernard Angevyn adressa en 1460 au Conseil royal sur des infractions commises par plusieurs vaisseaux, il produisit trois contrats de ferme consentis le 14 mai 1282, le 20 septembre 1284 et le 21 septembre 1288 ; il exhiba une sentence du Conseil royal en date du 20 juin 1450, et obtint un jugement confirmatif le 9 janvier 1461.

La famille de Rauzan, qui avait donné son nom au château, ou qui le lui avait emprunté, possédait à Bordeaux un hôtel situé rue des Carmélites, autrefois rue Rauzan. (Baurein.)

PORTAIL DE L'ÉGLISE DE CASTELVIEIL.

ARRONDISSEMENT DE LA RÉOLE.

STYLE ROMAN.

Le plan rectangulaire de cette église n'est défiguré que par l'addition qui a eu lieu au XVe siècle d'une petite chapelle contre le côté méridional. C'est à la suite de cette chapelle, et toujours dans le mur du midi, que s'ouvre le beau portail représenté sur la planche.

La face de l'ouest terminée en pignon, et défendue au milieu par un robuste contrefort offrant quatre larmiers étagés sur sa hauteur, ne présente qu'une petite porte ogivale, et, dans la partie supérieure, trois baies cintrées, rangées 1 et 2, destinées à recevoir les cloches.

Le sanctuaire est la seule partie voûtée: c'est une surface demi-cylindrique. Rien à l'intérieur ne mérite intérêt; un bénitier roman, le seul objet remarquable, a disparu l'an dernier. Passons au portail.

Percé sous cinq arcatures à plein cintre, il est accompagné d'une porte feinte, de chaque côté. Chaque arcature est formée de deux archivoltes, l'une verticale, l'autre inclinée.

Première arcature (la plus resserrée): 1° tores, ligne de rosaces; 2° entrelacs.

Deuxième arcature: 1° tore, deux rangs de festons; 2° rang de feuillages.

Troisième arcature: 1° personnages tirant la corde; au sommet, derrière le personnage de droite, une tête. (On se souvient que nous avons signalé ce sujet sur les portails de Haux, de Sainte-Croix à Bordeaux et de Sainte-Croix-du-Mont; peut-être ne faut-il pas chercher dans cette sculpture d'autre sens symbolique que celui des efforts que l'homme doit faire sur la terre pour arriver à la vie d'en haut); 2° entrelacs.

Quatrième arcature: 1° à gauche, trois femmes armées en guerrier, comme à Blazimont, les vertus combattant les vices sous la forme d'animaux qu'elles foulent aux pieds; à droite, quatre personnages vêtus de longues robes, et tourmentés par les démons auxquels ils paraissent livrés; 2° personnages coiffés de bonnets pointus, accrochés au train inférieur d'animaux qui les font avancer à grands pas; ils montent de chaque côté de l'archivolte.

Cinquième arcature: 1° cette arcature représente un zodiaque qui n'est guère inférieur à celui de Bazas et qui offre la plus grande analogie avec celui de l'église de Cognac, publié par M. l'abbé Michon, et avec celui de Notre-Dame-de-Semur. Le plus souvent, les différents mois de l'année y sont figurés sous des emblèmes aussi ingénieux que délicatement exécutés. — Janvier, personnage assis, représentant la nature à l'état de repos; — Février, un animal qui offre les apparences d'une grenouille; cette époque de plaisirs est indiquée sous la figure d'une femme assise, dont un autre personnage arrange la coiffure; — Mars, personnage taillant un arbre fruitier; au-dessus le bélier; — Avril, jeune fille couronnée de fleurs, assise sur une feuille d'acanthe, et tenant de chaque main une fleur sur laquelle est un oiseau; au-dessus un taureau; — Mai, une pierre mutilée, puis deux personnages nus figurant les gémeaux; — Juin, personnage tenant une faux; — Juillet, personnage très-mutilé; l'allégorie nous échappe; — Août, petit personnage debout, la vierge; personnage mutilé; nous croyons reconnaître ici des gerbes de blé; — Septembre, personnage assis au-devant d'une table, sur laquelle on distinguerait sans doute une balance, si la sculpture n'était pas en si mauvais état; personnage coupant des raisins et les pieds dans une cuve; — Octobre, personnage cueillant des fruits, et pierre mutilée qui devait représenter le scorpion; — Novembre, personnage combattant un animal, chasse; au-dessous, le sagittaire sous la forme ordinaire d'un centaure; — Décembre, personnage assis devant un table, et se livrant à quelques travaux d'intérieur. 2° La deuxième archivolte de cette arcature nous représente une série de personnages et d'animaux, dont l'action se rapporte souvent aux scènes que nous venons d'indiquer. Au mois de février, répond un personnage qui danse; aux mois de mars, d'avril, de mai et d'octobre, correspondent des chasses.

Les arcatures des portes aveugles qui accompagnent la porte principale sont décorées, celle de gauche, d'entrelacs et d'animaux; celle de droite, de la femme aux serpents; deux femmes debout et habillées ont la poitrine mordue par un serpent; une d'elles tient un de ces animaux avec la main. Dans une dissertation, pleine d'intérêt et de recherches consciencieuses, M. Ch. Desmoulins a étudié un grand nombre de sculptures représentant des sujets à peu près semblables, et s'est attaché à démontrer la thèse avancée par M. Branche, qui voit dans ces sujets un emblème des péchés capitaux, selon la partie du corps qui est mordue; d'après les idées de cet auteur, la sculpture de Castelvieil serait l'emblème de l'envie.

M. Didron a publié une autre interprétation donnée à ces sujets par M. Godard Faultrier : cet archéologue y trouve la mauvaise mère punie pour avoir refusé son sein à ses enfants, et par extension les supplices réservés à ceux qui restent sourds à la voix de la charité. Pour nous, nous inclinerions à voir dans ces représentations la suite de la faute d'Eve. Le Seigneur lui a dit qu'elle enfantera avec douleur; ces animaux qui mordent les seins ou les parties sexuelles de la femme sont une allusion à ce châtiment, et expriment ces souffrances.

Les chapiteaux des colonnes, qui soutiennent les bandeaux de ces trois portes, ne méritent pas moins d'attention que les autres parties que nous venons d'examiner. On y distingue des groupes de personnages en lutte, ou combattant contre des animaux; une femme entre deux hommes jouant d'instruments, sujet qui rappelle les chapiteaux de Blazimont, etc. Sur le chapiteau placé entre la grande porte et la porte feinte de droite, on reconnaît distinctement les saintes femmes au tombeau du Christ.

CHATEAU DE LANGOIRAN.

ARRONDISSEMENT DE BORDEAUX.

Les regards du voyageur qui monte la Garonne sont attirés par les gigantesques ruines qui s'élèvent, à sept lieues de Bordeaux, sur la rive droite du fleuve, dans la commune de Langoiran. Plusieurs étages montrent des crevasses béantes sur le flanc d'un coteau élevé, dont le faîte est dépassé par un donjon qui va se dessiner sur l'horizon. Ce sont les ruines du château de Langoiran, dont la position rappelle celle de la *villa*, où le romain Pontius Leontius avait fixé sa résidence, sur le coteau de Bourg.

L'ensemble de ce château consiste dans un donjon, contre lequel s'appuient trois enceintes murales du côté de la rivière, et qui est isolé du coteau par un fossé à sec.

L'intérieur du donjon D présente les traces de trois étages octogones; mais on ne retrouve plus que les naissances des voûtes qui étaient à nervures saillantes. Dans le tas de débris qui ont exhaussé son niveau, gît une clef sur laquelle sont sculptées des armoiries sans indication d'émaux : l'écu est parti; au 1, est un lion rampant; au 2, neuf fasces. Des traces de peinture au premier étage permettent de reconnaître Saint-Michel tenant la balance du pèsement des âmes. D'autres détails sont masqués par des couches de badigeon. L'épaisseur des murs n'est pas moindre de 3 mètres 85 centimètres, circonstance qui a permis de pratiquer dans le massif un escalier à vis, du côté de la place.

L'entrée de la première enceinte (la plus resserrée), marquée M N, a lieu par un escalier qui contourne une tour ronde à l'extérieur. Cet escalier est probablement moderne, et il fallait autrefois passer dans l'intérieur de cette tour, circulaire encore au rez-de-chaussée, mais carrée au premier étage, pour arriver dans cette enceinte. Cet étage, par suite de la déclivité du sol, se trouve à la hauteur du sol de la première cour. La tour est distante de 13 mètres 16 centimètres du donjon proprement dit.

La deuxième enceinte, P Q, offrait deux entrées qui ont disparu en grande partie sous des remaniements postérieurs, mais que plusieurs restes de tours permettent de reconstruire. La première, au nord-est, R, s'ouvrait entre deux tours rondes, et donnait sur les fossés que l'on franchissait sans doute à l'aide d'un pont-levis. La deuxième entrée était protégée par la tour ronde, S, dont les fragments se trouvent aujourd'hui noyés dans un corps de logis, B, érigé à l'époque de la renaissance, et qui, comme les autres parties, ne présente plus que des ruines.

Enfin, la troisième enceinte, X Y Z, n'est remarquable que par une tour, Y, placée à un angle, du côté de la rivière, et défigurée pour servir de pigeonnier, puis par les nombreux redans du mur. L'entrée, dans cette enceinte, avait sans doute lieu par un escalier aujourd'hui détruit et placé entre cette tour et une autre tour carrée, X.

La différence de niveau entre cette enceinte et la précédente est assez grande pour qu'on ait pu établir à moitié de la pente une terrasse, sous laquelle on a creusé des carrières, et qui sert d'appui à une maison moderne. On n'atteint le niveau de la plaine qu'après avoir encore descendu plusieurs étages ainsi superposés. Au pied du coteau, s'étendaient les jardins, transformés aujourd'hui en champs de vigne, mais qui ont conservé un jeu assez curieux de la nature. C'est un bassin porté sur un pilier de 1 mètre environ de hauteur, et du milieu duquel s'élevait autrefois un jet d'eau. Les concrétions calcaires de cette eau qui descendait du rocher ont fait disparaître le noyau formé primitivement d'une pierre, et agrandi plus tard de briques retenues par un lien de fer, et lui ont donné la forme d'un vaste champignon de 3 mètres environ de diamètre. Les habitants du lieu exprimaient d'une manière fort pittoresque cet accroissement, en disant : C'est un champignon qui pousse.

Le donjon et ses diverses enceintes, selon nous, paraissent avoir été érigés en même temps. Cet ensemble remonte à la fin du XIIIe siècle ou au commencement du XIVe.

L'abbé Baurein a recherché dans quelles mains avait successivement passé la seigneurie de Langoiran. En 1187, en 1236, en 1330, il la trouve au pouvoir de la famille d'Escossan ; mais cette possession ne fut ni sans trouble, ni sans interruption. A la fin du XIIIe siècle, 1291 et 1292, Seguin du Puits avait des prétentions sur la juridiction du château et de la châtellenie de Langoiran. En 1354, le mariage d'une fille de Bernard d'Escossan fit passer ce domaine dans la famille d'Albret. Un autre mariage, celui de Rose d'Albret avec Bertrand de Monferrand, avait mis ce dernier en possession de cette seigneurie en 1408. Louis XI, par lettres-patentes datées du 3 août 1461, en investit Jean Batard d'Armagnac, maréchal de France, gouverneur et lieutenant-général des pays et duchés de Guienne. Gaston de Montferrand en est qualifié seigneur, dit Baurein, dans des titres du 7 mars 1497 et du 20 septembre 1498. On prétend qu'elle appartenait, en 1550, à Guy de Monferrand, et, en 1640, au président Daffis ; ce serait ce dernier qui aurait fait ériger les constructions dans lesquelles nous avons remarqué le style de la renaissance.

Au XVIIIe siècle, cette seigneurie était au pouvoir du marquis de Jumilhac.

Dans cette série de possesseurs ne se trouve pas le pape Clément V, qui, selon plusieurs écrivains, aurait fait construire ou du moins restaurer ce château pour sa maîtresse, Brunissende de Périgord. Ce fait, disent-ils, est emprunté à l'historien italien Villani. Nous avons quelques raisons pour douter de l'exactitude de cette citation, que nous n'avons pu vérifier nous-mêmes ; mais, fût-elle exacte, le caractère de l'historien nous ferait peut-être douter encore de l'assertion.

Au XVe siècle, un hôpital était placé au-dessous du château. L'abbé Baurein cite un extrait d'un testament de noble dame Jeanne de Luxce, dame de Monferrand, sous la date du 25 mars 1492. Cette dame fait un legs *à la cappera de mossenhor Sent Thorès* (Saint-Orens), *en la senhoria de Lagoyran*, et un autre à *l'ospitau de Sent Germain dejus* (dessous) *lo castet de Lagoyran*.

Plus d'une fait d'armes eut lieu sous les murs de ce château. A l'époque de la seconde réduction de la Guienne, il avait sans doute opposé résistance aux troupes du Roi de France ; car

Jean du Tillet (*Chronique des Rois de France*, II, 373) mentionne une charte du 25 août 1452, par laquelle Charles VII accorde pardon aux habitants de Langoiran et d'autres lieux qui avaient tenu pour le parti anglais.

Vers la fin du XVI° siècle (fin d'août 1578), le château de Langoiran fut le lieu de rencontre du Roi de Navarre et de Catherine de Médicis. Après l'édit de Poitiers, Catherine voulant brouiller son gendre avec ses amis, et semer la division parmi eux, fit un voyage en Guienne, sous prétexte de mener au Roi sa femme. Henri se rendit, à la tête de six cents gentilshommes, au château de Langoiran pour la recevoir avec les honneurs convenables. « L'escorte de Catherine, quoique moins » nombreuse et désarmée, n'était pas la moins redoutable. On voyait à sa suite, *en haut et superbe* » *appareil, et cela tout brave, tout éclatant, tout reluisant comme estoilles au ciel en temps se-* » *rain*, ces soixante demoiselles, qui, par un étrange abus de mots, étaient appelées filles d'hon- » neur. » (Mary Lafon.)

Des traces de feu sont reconnaissables sur les ruines de ce monument. Ce serait vers 1650 qu'il aurait été victime d'un incendie, peut-être à la suite d'un siège.

TITRE COMPRENANT DIVERS DÉTAILS D'ORNEMENTATION;
COLLECTION DE PLANS TYPIQUES D'ÉGLISES DU DÉPARTEMENT.

RÉSUMÉ.

Des études suivies sur l'architectonique locale ne pouvaient embrasser que l'époque du moyen-âge; les autres périodes de l'art ne présentent, dans le département de la Gironde, que de trop rares fragments, pour que leur examen permît de suivre les vicissitudes des formes architecturales. Désireux cependant de combler, autant qu'il dépendait de lui, une lacune si importante dans son travail, M. L. Drouyn a réuni dans la première planche quelques restes précieux, que nous devons mentionner sommairement, pour que le texte ne présente pas de lacune par rapport aux dessins. C'est aussi dans le but de compléter la première série, et de la mettre en harmonie avec la seconde, qu'il a réuni dans une dernière planche les plans des églises de la première série. Les plans des églises de Magrignes, d'Uzeste, de Bazas sont dus à l'obligeance de M. Duphot, architecte; celui de Saint-Macaire a été emprunté à M. D. Ramée; ceux des églises de Saint-Emilion à M. Guadet; celui de la crypte dite de Saint-Fort à M. Lacour; ceux de Sainte-Croix et de Saint-Michel au plan de Bordeaux de 1755; les autres aux plans du cadastre. Jetons un coup-d'œil sur les ensembles que nous offrent ces deux planches.

Les monuments gaulois de nos contrées sont très-rares; on n'en trouve point qui offrent ces dimensions colossales que l'on admire sur ceux de plusieurs contrées, et notamment de la Bretagne. D'après les recherches publiées par la commission des Monuments historiques, les principaux monuments druidiques, dont on conserve le souvenir dans ce département, consistent dans deux *menhirs*, l'un à Saint-Sulpice de Faleyrens et l'autre à Lussac; dans deux *dolmens*, le premier à Pujols et le deuxième à Saint-Ciers de Canesse; dans deux *allées couvertes*, dans la commune d'Illats, au lieu de *Ountête* (petite fontaine); enfin, dans un grand nombre de tumulus, mais dont une majeure partie ne remonte certainement qu'aux Romains. Des pointes de flèches en silex, des haches en grès, en jaspe, des coins en bronze, ont aussi été découverts dans plusieurs localités.

La période romaine a laissé un grand nombre de débris épars sur le sol de l'Aquitaine; mais deux monuments occupaient la première place : les *piliers de Tutèle*, dont Louis XIV ordonna la démolition pour faire place aux glacis du Château-Trompette, et dont les débris servirent à la construction du quai du Chapeau-Rouge, sur la Garonne; le *palais Galiène*, qui étale encore quelques vieux et respectables débris. Deux savants recommandables ont visité ces monuments, avant qu'ils eussent été victimes du vandalisme, et nous en ont transmis des descriptions détaillées, suivies de dessins. Perrault, dans le *Vitruve français*, a publié les piliers de Tutèle, qu'il vint mesurer à Bordeaux, peu de temps avant leur démolition; M. de La Bastie, dans les *Actes de l'Académie des inscriptions et belles-lettres* (XII, 239), a donné une dissertation sur l'amphithéâtre dit *Palais Galien*, ou plutôt *Galiène*. Ajoutons à ces noms ceux de quelques autres savants qui se sont livrés à des recherches sur nos antiquités romaines; et citons d'abord Vinet, qui a décrit les premiers murs de Bordeaux et recueilli de précieux souvenirs dans ses *Commentaires sur Ausone*; Venuti, qui a étudié plusieurs inscriptions recueillies dans cette ville; l'abbé Lebœuf, qui a publié des dissertations curieuses dans les *Actes de l'Académie des inscriptions et belles-lettres*, et qui a notamment fixé le premier la date de l'enceinte romaine de Bordeaux, dont il a rapporté la construction vers l'an 500 (XII, 145); l'abbé Baurein, qui a précisé la ligne de ces murs du côté de la rivière, et constaté l'existence de nombreuses constructions de même époque, connues de son temps sous la dénomination erronée de *Sarrasines*; Lacour père et fils, qui nous ont donné un beau travail sur des sarcophages trouvés en 1805 à Saint-Médard-d'Eyrans; Jouannet, qui, dans plusieurs mémoires consignés dans les *Actes de l'Académie de Bordeaux*, a fait connaître avec détail les aqueducs antiques et les sépultures romaines du pays, a publié de nombreuses inscriptions tumulaires, décrit les objets d'art trouvés dans les cimetières de *Burdegala*; M. Rabanis, qui, au sujet du curieux bas-relief des Dendrophores, s'est livré à des recherches d'une haute érudition sur les corporations romaines en général; citons enfin les rapports annuels, dans lesquels la Commission des Monuments historiques du département inventorie avec soin et apprécie les découvertes importantes, comme les plus petits détails.

Le Musée du chef-lieu a recueilli un grand nombre des objets qui ont donné lieu aux écrits que nous venons d'énumérer; on y trouve des cippes, des inscriptions funéraires, des fragments de chapiteaux, de colonnes, d'autels tauroboliques, de mosaïques, de statues, de restes d'aqueducs, etc. La conservation de ces objets est assurée; mais le temps et les hommes ont à peu près détruit tout le reste. On remarque cependant encore quelques débris informes de l'enceinte rectangulaire de Bordeaux dans les caves de plusieurs maisons, depuis la place Saint-André jusqu'à la place du Palais, entr'autres dans la maison Labat, place Saint-André n° 1: la tour dite *du Canon*, rue de la Vieille-Tour, et quelques fragments de tours dans la rue des Mottes, et dans celle des Trois-Canards, sont de la même époque.

Hors de Bordeaux, des fragments de voies romaines subsistent dans les communes d'Ayguemorte, de Saint-Selve, de Pessac, de Monferrand, d'Ambarès, d'Aurioles. On connaît aussi les mosaïques de Cameilhac à Léogats, celles de Rions, de Saint-Genès de Lomband, de Hure, de Monségur, de Coirac, de Ruch, et une grande quantité de gisements qui fournissent non-seulement des briques, des tuiles, des placages en marbre, des monnaies, etc., mais quelquefois de beaux débris, tels que ceux de Montagne (au petit Corbin), de Monségur, de Hure, etc. Plusieurs de ces localités possédèrent sans doute de brillantes villa, semblables à celle dont Sidoine Apollinaire nous a laissé la description, et dont on croit reconnaître l'emplacement près de Bourg, au lieu des Gogues.

Les invasions des Barbares firent éprouver trop de souffrances à l'Aquitaine pour que les arts pussent continuer d'y être cultivés. L'époque *latine*, qui s'étend depuis les premières invasions des Barbares jusqu'à l'an 1000, n'a laissé que des souvenirs bien incomplets parmi nous. Deux monuments seuls sont généralement rapportés à la fin de cette période: la crypte monolithe de Saint-Émilion, et celle dite de *Saint-Fort*, dans l'église Saint-Seurin à Bordeaux: curieux monuments dont nous avons déjà parlé dans d'autres publications. Mais ces sanctuaires n'offrent aucun des caractères curieux du baptistère de Poitiers, de la cathédrale de Parenzo, en Italie, ou des monuments décrits par Saint-Paulin de Nole, Grégoire de Tours, Fortunat. Point d'imbrications, point de mosaïques d'or, souvenirs de l'art romain; point de fronton, point d'entablement; nulle part, ici, les plans ne sont ni circulaires, ni octogones. Seulement, à Saint-Seurin, quelques chapiteaux romains placés après coup sur des colonnes romanes; anomalies qui rappellent celles des poëtes du VIe siècle, qui inséraient, au milieu de leurs pièces de poësie, des vers entiers de Virgile.

Ce n'est guère qu'à la fin du XIe ou au XIIe siècle que les églises s'élevèrent sur le sol de l'Aquitaine. Alors se dressèrent presque tous nos monuments religieux, le plus souvent sur des points choisis par les Romains, comme centres de population. Cette dernière circonstance explique comment, en fouillant le sol des cimetières, on rencontre si souvent des monnaies romaines; comment, à l'entour des églises, comme à Hure, ou dans l'intérieur même, comme à Saint-Genès de Lombaud, on découvre des mosaïques. En toutes choses, se retrouve cette survivance des traditions : les routes que suivaient les pélerins au moyen-âge n'étaient autres, selon l'observation déjà faite par M. Jouannet, que les voies romaines; et les hôpitaux, qui recevaient les pélerins, avaient pris la place d'autres établissements antiques, qui, sous un autre nom, *stations*, *mansions*, rendaient des services analogues aux voyageurs.

L'art roman a laissé parmi nous des types dont la pureté peut nous dédommager, jusqu'à un certain point, de la perte de nos monuments romains. Qu'on jette de nouveau les yeux sur la façade de Sainte-Croix, à Bordeaux, qu'on aille visiter l'abside de cette église, qui ne le cède guère à sa façade, et dont on ne parle pas, uniquement parce qu'on ne la connaît pas; qu'on étudie la façade de Loupiac, le bel ensemble de l'abbaye de La Sauve, etc., et tout le monde sera ravi comme nous d'admiration pour cette « mystérieuse architecture, sœur des maçonneries théocratiques de l'Egypte » et de l'Inde, emblème inaltérable du catholicisme pur, immuable hiroglyphe de l'unité papale » (Victor Hugo). C'est dans le midi de la France que cet art s'est développé avec le plus d'extension, et le département de la Gironde est à coup sûr un de ceux qui offrent le plus grand nombre de ces belles façades symboliques.

Les plans n'offrent encore que des lignes d'une combinaison fort simple; le rectangle pur, comme à Magrigne, église attribuée par la tradition aux templiers; le rectangle se rétrécissant et s'arrondissant à une extrémité comme à Bouliac et à Illats, ou la croix latine, dont les bras peuvent soutenir des absides secondaires, comme à Loupiac, à Sainte-Croix de Bordeaux : les nefs latérales sont ici, on s'en souvient, d'une époque postérieure; mais cette disposition se réalise, dès l'époque romane, dans l'église de l'abbaye de la Sauve, qui offre en outre quatre absides secondaires, au lieu de deux.

L'ornementation ne présente dans cette durée que des modèles d'un art rustique. Des planches ont reproduit des détails pris à Bouliac, à la Sauve, qui n'ont de valeur, à part les questions de symbolique, que pour constater l'état de la sculpture à cette époque. Le titre reproduit les principaux genres d'ornement que présentent diverses églises romanes et quelques autres sujets historiés. Les noms de lieux écrits à côté de chaque détail nous dispensent d'une longue énumération. Nous devons cependant faire remarquer un chapiteau pris sur la façade de Loupiac et qui nous paraît avoir une certaine importance en iconographie : c'est le Christ, sous la forme d'un agneau nimbé du nimbe crucifère, entre les quatre animaux symboliques des évangélistes. D'autres monuments offrent le Christ sous la forme de l'agneau; souvent on rencontre le Christ sous forme humaine au milieu des animaux qui figurent les évangélistes; mais l'exemple que nous citons est le seul à notre connaissance, où le Christ et les évangélistes soient simultanément sous la forme symbolique. Un autre bas-relief pris dans la même église représente l'agneau portant une croix et placé entre deux anges. L'église de Lugon nous offre le Christ sous forme humaine, entouré des évangélistes sous la forme symbolique. A cette époque, Dieu, le père, n'est alors jamais représenté sous apparence humaine, mais sous une forme symbolique : l'église d'Izon (arrondissement de Libourne) nous offre l'exemple d'une main qui bénit. A côté des images saintes, il n'est pas rare de trouver des allégories exprimées sous des formes peu voilées, et qui pourraient le disputer aux peintures les plus licencieuses du paganisme. Quelques détails pris à Puch, à Paillet, à Lugagnac, à Saint-Martin de Lescas, à Aillas, à Montprinblanc, à Haux, formeraient une planche assez peu édifiante. Nous ne parlons pas des autres sujets d'ornementation, le plus communément adoptés, tels que entrelacs, damiers, têtes de clous, étoiles, feuillages fantastiques ou naturels.

La voûte en coupole, c'est-à-dire l'influence byzantine, dont Sainte-Sophie de Constantinople, le Théotocos d'Athènes, Saint-Front de Périgueux, offrent les modèles les plus célèbres, a déjà été remarquée par nous dans la nef de l'église de Saint-Emilion; on la retrouve dans la belle église de Guîtres, à Saint-Martin de Mazerat, à Saint-Vincent de Pertignas, etc.

L'extrémité arrondie des bras de la croix est encore, selon M. Vitet, un caractère qui dénote une influence byzantique. L'église de Saint-Macaire est en conséquence classée par lui au rang des monuments qui portent l'empreinte de cet art (*Monographie de l'église de Noyon*).

Enfin, Pondaurat, qui, vers la fin du XIIIe siècle, appartenait à l'ordre de Saint-Antoine (*Rôles gascons*), s'élève sur un plan en croix grecque que l'on retrouve dans l'église de Saint-Denis de Pile.

La plupart des églises que nous venons de citer comme offrant des traces d'architecture byzantine appartiennent au style de transition; les coupoles de nos monuments religieux sont presque constamment portées sur des arcs ogivaux. Il en est de même dans le Périgord, où elles sont si nombreuses : le bas côté qui contourne le chœur de l'église de Guîtres, quoique essentiellement roman, est en ogive. C'est là, selon nous, la naissance du style de transition, l'essence du style ogival; et nous conclurions volontiers de cette circonstance, que ce style a été produit par le besoin de couvrir de larges espaces avec des voûtes poussant au vide le moins possible. Mais ceux qui veulent que l'ogive soit née en Orient pourraient nous faire observer cette coïncidence de l'ogive mêlée à la coupole. N'entrons pas en discussion sur ce sujet; n'augmentons pas le nombre des soixante-dix-sept auteurs qui, en 1843, avaient émis, selon M. D. Ramée, leurs opinions sur ce sujet. Remarquons seulement que, tandis que M. F. de Verneilh (*Annales archéologiques*) s'efforce de démontrer que le style ogival est purement indigène, M. Ernest Breton fait remarquer que la cathédrale de Bâle, fondée en 1010, et dont la dédicace eut lieu le 11 octobre 1019, offre l'ogive dans son ensemble, « nouvelle preuve, dit-il, de son introduc-
» tion en Allemagne et en Suisse, long-temps avant son apparition en France »; puis M. Vitet de dire sur ces questions en général : « Querelles vides et oiseuses ! »

M. Emeric David réduit à quatre les principes qui furent la base de l'architecture ogivale :

« 1° Exhausser l'édifice, autant qu'il était possible et convenable, et en élever les piliers intérieurs
» d'un seul jet, sans qu'aucun membre d'architecture arrêtât l'œil, depuis le sol jusqu'à la voûte; 2°
» abandonner totalement les ordres, n'en laisser subsister nulle trace; 3° agrandir les fenêtres le plus
» qu'il serait possible et mitiger la lumière par des vitraux coloriés; 4° faire disparaître même les mu-
» railles, en remplaçant les peintures qui les couvraient par celles des vitraux.

» Les ordres grecs, ajoute le même auteur, associaient merveilleusement l'harmonie à la richesse;
» les églises du XIIIe siècle puisent leur grandeur dans l'unité. Ce genre de beauté a bien aussi son
» mérite. La sainte chapelle de Paris offre un modèle épuré de ce mode de construction; Saint-
» Ouen de Rouen en reproduisit la beauté dans de plus grandes dimensions; Cologne, dans des pro-
» portions colossales, en fut le chef-d'œuvre. »

Dans nos contrées, et en général dans la partie de la France située sur la rive gauche de la Loire, le style ogival ne présenta, à aucun moment de son développement, cette forme hardie et vraiment aérienne qui lui a fait donner le nom de style à lancette. Les artistes semblèrent toujours affectionner l'arc cintré; et en effet, l'Aquitaine conserva long-temps, au moyen-âge, les souvenirs et les traditions romains. Nous voyons donc le style roman se prolonger fort tard sur nos édifices, puis céder ensuite la place à une ogive à peine prononcée, qui s'élargit au XIVe siècle pour recevoir des meneaux rayonnants. Aussi le style de transition du roman au gothique se confond-il souvent avec notre premier gothique, et ces circonstances locales n'ont pas été sans influence pour nous faire adopter la division de gothique simple et de gothique fleuri, déjà suivie par MM. Léon Vaudoyer et Albert Lenoir, préférablement à celle de styles à lancette, rayonnant et flamboyant, laquelle a en outre l'inconvénient d'être basée, comme toutes les méthodes artificielles, sur un seul caractère, et non sur un ensemble.

Les sculptures du portail de Castelvieil, quoique à plein cintre, annoncent l'apparition du style gothique; celles du portail de Blazimont, à peine ogival, ne leur sont postérieures que de très-peu de temps. Nous avons présenté, comme modèles du style gothique simple, la porte royale à Saint-André de Bordeaux, le portail de Bazas, deux portails à Saint-Émilion, le portail méridional de Saint-Seurin; comme modèles du gothique fleuri, la façade nord de Saint-André, l'abside d'Uzeste, le portail de Saint-Michel, la porte de Saint-Loubès, le cloître de Saint-Emilion, le siège épiscopal de Saint-Seurin, etc.

A partir du XIIIe siècle, les plans offrent de nouveaux développements; la première et la plus importante de ces modifications est l'addition d'un bas-côté qui contourne le chœur, et qui donne à cette partie du monument l'aspect d'une église renfermée dans une autre église. Puis, les chapelles se groupent et rayonnent autour du sanctuaire. On voit cette forme naître à Guîtres; mais les chapelles sont ici à peine accentuées; elles sont arrondies à l'intérieur comme à l'extérieur; ce ne sont en quelque sorte que des niches; insensiblement elles augmentent de dimensions, comme à Verteuil, et elles finissent par devenir ces chapelles à pans coupés, dont les plans des églises de Saint-André à Bordeaux, d'Uzeste, de Bazas, nous offrent de bons modèles.

A côté de ces plans, persiste toujours la forme qui adossait l'autel principal au fond de l'église; celle de Saint-Michel, à Bordeaux, présente un exemple de ce genre. Rapproché du plan de Sainte-Croix, on remarque aussi la substitution du plan polygonal au plan demi-circulaire dans les absides.

La collégiale de Saint-Emilion, dont la nef nous a déjà offert dans ses voûtes l'exemple de coupoles byzantines, est encore fort remarquable par le plan de son chœur. Remarquons d'abord l'inclinaison de l'axe, circonstance qui, suivant plusieurs archéologues, traduit ces mots, de Saint-Jean *et inclinato capite expiravit*. Le chœur pris dans son ensemble est du XIVe siècle; mais un examen attentif y fait reconnaître quelques parties antérieures, et d'autres postérieures. Ainsi le portail septentrional et quelques arcatures attenant, que l'on remarque à l'intérieur, sont du XIIIe siècle; l'abside est du XVe.

Il est facile de suivre sur les planches que nous avons données, les changements survenus dans la statuaire. Simple et idéale au XIIIe siècle, ne formant alors qu'un tout avec l'architecture, elle acquiert plus de finesse, plus de perfection dans les détails au XIVe siècle; mais elle commence à perdre cette expression sublime qui semble révéler l'inspiration extatique; le sculpteur s'isole de l'architecte.

Au XVe siècle, l'étude du nu occupe les artistes qui apportent beaucoup plus d'art dans l'expression des visages, dans le détail des pieds et des mains; mais le maniéré et la roideur dominent dans la pose des personnages. Les bas-reliefs du rétable Saint-Jean à Saint-Michel, ceux de Saint-Seurin, ne sont pas, sous ce dernier rapport, sans analogie avec les longues statuettes de Blazimont et de Castelvieil; mais la statuaire de ces deux époques est toujours facile à distinguer, non-seulement à cause du changement de forme des costumes, mais aussi par l'agencement des plis, par l'ampleur des vêtements qui se fait remarquer au XVe siècle. Bientôt après, des défauts opposés se révèlent; les statuettes d'anges au portail méridional de Saint-Michel, la décoration tout entière des portes ouest et nord de cette église sont remarquables par leurs formes lourdes et ramassées; mais c'est toujours le même maniéré, la même recherche; il y a seulement de plus une sorte d'élégance qui annonce l'arrivée de la renaissance.

Le titre exprime quelques fragments curieux qui n'ont pu trouver place dans les gravures : la Trinité à Saint-Michel (fin du XVe siècle); le Père éternel sous le costume de pape; à sa droite, son fils nu, mais couvert par un pan de la chape de Dieu le père; puis, le Saint-Esprit, sous la forme d'une colombe, sortant de la bouche du père qu'il touche encore du bout de l'aile, et qui va entrer dans celle du fils qu'il touche aussi de l'aile opposée. Le père tient le fils embrassé; il soutient de la main gauche la boule du monde, sous la forme d'une sphère armillaire, sur laquelle le fils appuie aussi la main gauche. A côté la planche reproduit la Trinité prise sur une ancienne maison de la rue des Bahutiers, et appartenant au style de la renaissance ; les trois personnes sont figurées sous la forme d'un visage à trois têtes, et de triangles enlacés, avec les inscriptions bien connues : *Pater est Deus*, etc. ; les évangélistes sont représentés sous la forme des animaux symboliques. Enfin, les trois poissons ont déjà été mentionnés dans la notice sur le château de Benauge.

Nous regrettons bien vivement que les bornes de ce travail n'aient pas permis de reproduire quelques verrières. L'église Saint-Michel offre neuf larges baies, garnies de beaux vitraux, les uns du XVIe, les autres du XVIIe siècle. L'arbre de Jessé, dans la chapelle de Notre-Dame de Bonne-Nouvelle, est le plus remarquable. La cathédrale Saint-André à Bordeaux, l'église collégiale de Saint-Emilion, celles de Castelnau, de Mios, possèdent encore des vitraux dignes d'intérêt. Mentionnons aussi les restes de peintures murales de la tour de Veyrines, près Bordeaux, de la chapelle de la Trinité, à Saint-Emilion, de l'église de Saint-Macaire, etc.

De même que la basilique romaine servit de modèle aux premiers temples, de même les premiers châteaux du moyen-âge furent certainement érigés sous l'influence des *Castella* et sous celle des *Turres* ; le donjon remplaça le prétoire des champs romains. « Tous les hommes d'armes, dit M. » Guizot, qui, du IXe au Xe siècle reçurent en fief tant de parcelles du domaine des comtes, sous l'o- » bligation de les servir à la guerre, commencèrent chacun leur établissement dans la campagne, par » la construction d'une petite forteresse, ne fût-elle composée que d'une seule tour. »

« Au Xe et au XIe siècles, ajoute M. de Caumont, les châteaux étaient en général composés » de deux parties principales : une cour basse, et une seconde enceinte renfermant une tour ou » donjon. »

Cette tour, ronde ou carrée, est placée presque toujours sur une élévation en terre, souvent un tumulus gaulois ou romain, entouré d'un premier fossé; elle est quelquefois au milieu, quelquefois tangente à l'enceinte de la cour; et cette enceinte est ou en pierre, ou en bois, enveloppée le plus souvent d'un nouveau fossé extérieur. M. Jouannet a cru reconnaître des traces de constructions de ce genre dans les châteaux d'Aliénor, à Belin; d'Ornon, à Gradignan; dans un troisième château voisin de ce dernier. Celui d'Ornon offrirait les deux fossés avec le donjon tangent à l'ensemble du système.

Mais les monuments de ce genre ont été presque toujours défigurés et ont reçu des constructions nouvelles à des époques postérieures. Il est même souvent difficile d'apprécier ces circonstances, parce que l'architecture militaire du moyen-âge n'offre pas les caractères chronologiques tranchés que l'on rencontre dans l'étude des monuments religieux. Ici l'histoire est presque toujours un guide indispensable pour assigner une date avec quelque précision; et, lorsque celle-ci est muette, on est souvent forcé de rester dans le doute ; telle est la raison qui nous a fait empêcher de donner en titre, pour les monuments militaires, comme nous l'avons fait pour les édifices religieux, l'indication précise du style.

Un très-petit nombre de constructions militaires dans le département peuvent revendiquer une date antérieure à la fin du XIIIe siècle. Le château du roi, la tour de Curton, la tour de Brugnac, le donjon de Rauzan sont peut-être les seuls restes qui remontent vers cette époque.

Au XIVe siècle, Clément V et les cardinaux de sa suite dotèrent notre département de beaux monuments qui, aujourd'hui, n'offrent plus que des ruines, mais dont les dimensions colossales font toujours notre étonnement. Villandraut, Budos, Langoiran, Blanquefort, Fargues, Roquetaillade, La Trave, offrent de beaux types de plans et permettent de suivre les diverses formes du donjon. Ainsi, à Langoiran, le donjon consiste en une seule tour très-développée ; à Blanquefort, le donjon est formé de six tours et constitue déjà à lui seul un petit château, plus important que beaucoup de petits *castera* du XVe siècle, qui ne sont en général que de simples quadrilatères flanqués à leurs angles de tourelles en cul-de-lampe : enfin, à Roquetaillade, un donjon formé d'une tour carrée enveloppée dans une enceinte défendue par six tours, c'est-à-dire un château complet, devient à son tour donjon, par rapport à une deuxième enceinte de murs et de fossés. Mais cet ensemble ne porte plus le nom de château ; les titres du temps, nous l'avons vu, le désignent sous le nom de ville; et en effet les villes du moyen-âge ne sont autre chose que de vastes citadelles, dont le château a pris la place du donjon.

Seize villes proprement dites dans le département furent ceintes de murailles au moyen-âge: Bordeaux, Bazas, Langon, Cadillac, Rions, Lesparre, Libourne, Saint-Emilion, Castillon, Sainte-Foy, La Réole, Monségur, Saint-Macaire, Castelmoron, Sauveterre, Bourg. Mais ces fortifications ont disparu presque partout; c'est à peine s'il en subsiste encore quelques pans de murs, des restes isolés de portes, ou des tours en ruine; nous avons dû nous borner à présenter un des exemples les plus remarquables de porte, dans celle de la mer à Cadillac.

Aucune enceinte de ville du département n'est postérieure au XIVe siècle; quelques parties ont nécessité sans doute plus tard des réparations, des reconstructions même; ainsi les tours de l'Hôtel de ville à Bordeaux furent élevées en 1449 sur des bases qui dataient du XIIIe siècle; la porte, dite du Palais, dans la même ville, était en construction en 1495. Mais alors la grande époque de l'architecture féodale est passée; l'usage de l'artillerie et des armes à feu devait modifier complètement le système de défense; et, si on continua de donner aux châteaux du XVe et du XVIe, et même à ceux du commencement du XVIIe siècle, cette apparence de force que donnent des murs épais, des fossés, c'était plutôt, comme nous l'avons dit en parlant du château de Cadillac, pour marquer la dignité de l'habitation, et pour en imposer aux yeux, que pour garantir d'une attaque sérieuse. On peut dire de l'architecture militaire du moyen-âge, comme de l'architecture religieuse, qu'elle arriva à son terme dans la deuxième moitié du XVIe siècle. Un mouvement intellectuel, analogue à celui qui avait éclaté sous Louis IX, mais dans une autre direction, se manifestait. La découverte de l'imprimerie, traînant à sa suite les grandes réformes religieuses et la renaissance des lettres antiques, en voilà plus qu'il n'en fallait pour faire subir une révolution à l'architecture.

Les monuments caractéristiques de ce nouveau style, dont les noms se présentent sous notre plume, sont, à Bordeaux, la chapelle de Saint-Joseph à Saint-Michel, une chapelle de l'ancienne église de Notre-Dame de la Merci, l'église Saint-Bruno, consacrée le 29 mars 1620, par le cardinal de Sourdis, la chapelle de Verdelais (communes d'Aubiac et Verdelais), érigée sous l'influence du même archevêque; enfin, la chapelle du duc d'Epernon, à Cadillac. Tous ces monuments offrent de forts jolis détails; mais on y chercherait vainement cet idéal de l'art chrétien, ou même cette pureté de l'art antique. Ces moulures, ces profils ne conviennent plus au retable d'autel ; ces statues de saintes, que l'on admire à Saint-Michel, ne peuvent inspirer qu'un sentiment profane; mais en revanche, comme elles sont bien à leur place sur les riches corniches des cheminées des châteaux de Cadillac et de Roquetaillade!

L'architecture de la renaissance, essentiellement domestique, s'est exercée sur des modèles plus restreints que l'architecture religieuse et l'architecture militaire; soumise aux caprices des volontés individuelles, elle a moins résisté devant le goût du changement et le progrès du bien être: aussi ses traces dans notre pays sont-elles devenues excessivement rares. Jusque-là, presque toutes les constructions privées avaient été élevées en bois ou en torchis, et les artistes n'avaient eu le plus souvent à sculpter que les consoles des encorbellements. Cependant, à Saint-Emilion, à Saint-Macaire, à La Réole, à Cadillac, on trouve encore des fragments intéressants du XIIe, du XIIIe, du XIVe, du XVe siècle. Nous espérons un jour classer, décrire, comparer ces débris précieux. La partie nord de l'enceinte fortifiée de Saint-Emilion fut toute transformée, dès le XIIe siècle, en habitations; le Palais Cardinal, qui en est le fragment le plus remarquable, est aussi le reste le plus intéressant de l'architecture domestique à l'époque romane, dans le département de la Gironde. La maison de la rue des Bahutiers, à Bordeaux, était le dernier échantillon des constructions de ce genre ; c'était déjà la renaissance.

A partir de l'époque à laquelle nous sommes arrivés, l'architecture a perdu toute originalité; l'artiste ne fait plus que copier l'antique; mais souvent il s'acquittera de cette tâche avec une grande perfection. Les premières années du XVIIIe siècle ont produit deux monuments dans notre ville, les églises Notre-Dame et Saint-Paul, dont les façades offrent de beaux ornements, bien agencés, quoique semés avec trop de profusion; leur intérieur est aussi remarquable par la pureté des profils et l'harmonie des grandes lignes; et la sculpture y a déposé deux chefs-d'œuvres dignes d'admiration : à Saint-Paul, l'apothéose de Saint-François Xavier accompagné de groupes d'anges, le tout en marbre blanc, et attribué au sculpteur Guillaume Coustou; à Notre-Dame, des groupes d'anges au milieu de nuages et deux anges adorateurs couronnant un autel isolé. Ce dernier travail, exécuté comme le précédent, en marbre blanc, serait, selon la tradition, l'œuvre du frère Jean, religieux dominicain, qui fut l'architecte du monument, et qui était encore, comme au moyen-âge, à la fois architecte et sculpteur.

Malgré les beautés de ces deux monuments, on peut dire cependant, sans être trop sévère, qu'ils manquent totalement de caractère religieux. Le style grec n'est pas à l'aise avec les idées chrétiennes. Que lui faut-il donc? Le monument érigé par l'architecte Louis répond à cette question : ce sont des panthéons, des palais de justice, des bourses, des théâtres, des édifices en un mot, où le péristyle et la colonnade soient commandés non par la volonté d'un architecte décorateur, mais par le but et la destination même de l'édifice.

Le Grand-Théâtre de Bordeaux, qui satisfait si bien à cette condition, est, en outre, un des monuments les plus purs, les plus corrects du XVIIIe siècle. Toutes ses lignes sont en harmonie parfaite, non-seulement avec sa destination, mais aussi avec ses distributions intérieures. Rien de parasite. La richesse, qui se marie toujours avec l'élégance, ne se trouve que dans les parties qui exigent un large développement, dans le péristyle, la salle des pas-perdus, la salle de spectacle, celle des concerts, etc. Une critique de détails pourrait bien relever quelques tributs payés au goût du temps, tels que l'inutilité de six colonnes dans la grande salle, qui ne sont pas commandées par le système de construction; mais devant ce chef-d'œuvre l'admiration impose silence à la critique, et l'on voudrait y trouver non un simple buste, mais une statue érigée à l'artiste du génie qui, en dépit de basses jalousies, a doté Bordeaux d'un des plus beaux monuments de l'Europe.

L'envie ne s'attache-t-elle pas à toutes les œuvres grandes et belles? Il y a un siècle qu'elle se déchaînait sourdement contre le Grand-Théâtre. Aujourd'hui, c'est sur le Palais de justice qu'elle exerce ses critiques. Pour nous, nous n'hésitons pas à placer la salle des pas-perdus de ce monument au rang des beaux morceaux d'architecture de notre ville, et immédiatement après le Grand-Théâtre. Quelques lignes dans la façade de l'édifice, lignes dont les difficultés du terrain et l'exiguité des ressources mises à la disposition de l'architecte rendent facilement compte, sont bien amplement rachetées par la belle ordonnance de la salle d'entrée et par l'harmonie remarquable des dispositions intérieures.

Dans l'intervalle de temps qui sépare les deux monuments que nous venons de considérer, de grands faits se sont accomplis; un nouveau genre d'architecture est né et a doté la ville de Bordeaux d'un de ses premiers et de ses plus beaux fruits. L'ère des travaux publics est ouverte, et un pont en pierre de dix-sept arches a été jeté par Cl. Deschamps sur la Garonne, c'est-à-dire sur un fleuve large de 500 mètres. Mais laissons parler sur ce sujet M. Billaudel, qui seconda l'illustre ingénieur pendant toute la durée des travaux : « Le jeune ingénieur qui suit la trace des hommes célèbres, et
» qui a la noble ambition de les imiter, doit visiter cet édifice, en considérer la position et les
» abords, pénétrer dans les galeries d'évidement, descendre sur le fleuve, sonder la profondeur des
» eaux, la nature du fond, la puissance des courants contraires et la stabilité des enrochements. Il
» explorera la digue qui a produit jusqu'à quatorze mètres de hauteur d'alluvions et qui a intercepté et
» repoussé la masse entière des eaux du fleuve, en les forçant à dissiper un vaste banc de sable; il
» considérera cette première arche, qui a subi un mouvement de tassement si remarquable, sans
» déchirure ni déformation, grâce aux soins apportés dans sa construction et aux liaisons intro-
» duites dans les moindres parties et dans l'ensemble de la voûte. »

Aujourd'hui, la direction des idées sociales favorise beaucoup plus le développement des travaux publics que les progrès de l'architecture. Nous sommes loin cependant de désespérer de l'avenir. Non, il n'est pas vrai que le génie de l'architecture soit éteint, et que cet art soit condamné pour long-temps encore à se débattre péniblement dans la stérile imitation du passé ! Après les aqueducs et les thermes romains, la civilisation chrétienne est venue éclairer le monde d'un jour nouveau, et la basilique ogivale a élevé ses flèches hardies sur les débris des temples païens. Dirigeons notre vue vers l'horizon. Nous vivons dans une période de transition qui manque de formules générales, mais qui aura un terme. Tout passe, tout change, disait-on au XVIIIe siècle. Tout progresse, tout se perfectionne, tel est le mot du XIXe. La solution des grands problèmes sociaux qui occupent aujourd'hui les méditations des esprits les plus avancés, développera bientôt des besoins inconnus, auxquels l'architecte sera appelé à donner satisfaction, et alors s'ouvrira pour l'architectonique l'ère d'une phase nouvelle, qui pourra encore faire oublier pendant quelques instants les merveilles de Cologne et de Chartres, comme celles-ci avaient fait détourner les yeux des beautés du Parthénon et du Colysée. C'est à ce moment surtout qu'on comprendra l'utilité de ces études retrospectives que notre siècle poursuit avec enthousiasme, et au progrès desquelles nous essayons, obscur tacheron, de faire servir la faible part d'intelligence qui nous a été dévolue.

 M. L. Drouyn a voulu aussi, par ce travail, appeler l'attention générale sur nos richesses archéologiques, aussi multipliées que curieuses et élégantes, et tâcher de disposer l'esprit de la localité, réputé depuis long-temps, et, selon nous, avec assez de raison, peu soucieux des œuvres sérieuses d'art, aux publications bien autrement importantes de la Commission des Monuments historiques du département. Il sera heureux si ce travail paraît digne d'en être le prélude et comme le frontispice. En terminant, comme au début de son œuvre, M. L. Drouyn offre à ce corps savant l'hommage de ses travaux.

FIN.

ERRATA :

Page 6, alinéa premier, ligne première, *au lieu de* : des nombreux, *lisez* : de nombreux.
Page 10, alinéa deuxième, ligne première, *au lieu de* : sagesse, *lisez* : largesse.
Page 8¹, alinéa dernier, ligne cinquième, *au lieu de* : XIVe siècle, *lisez* : XVe siècle.
Page 17¹, alinéa troisième, ligne quatrième, *au lieu de* : le plus, *lisez* : plus.

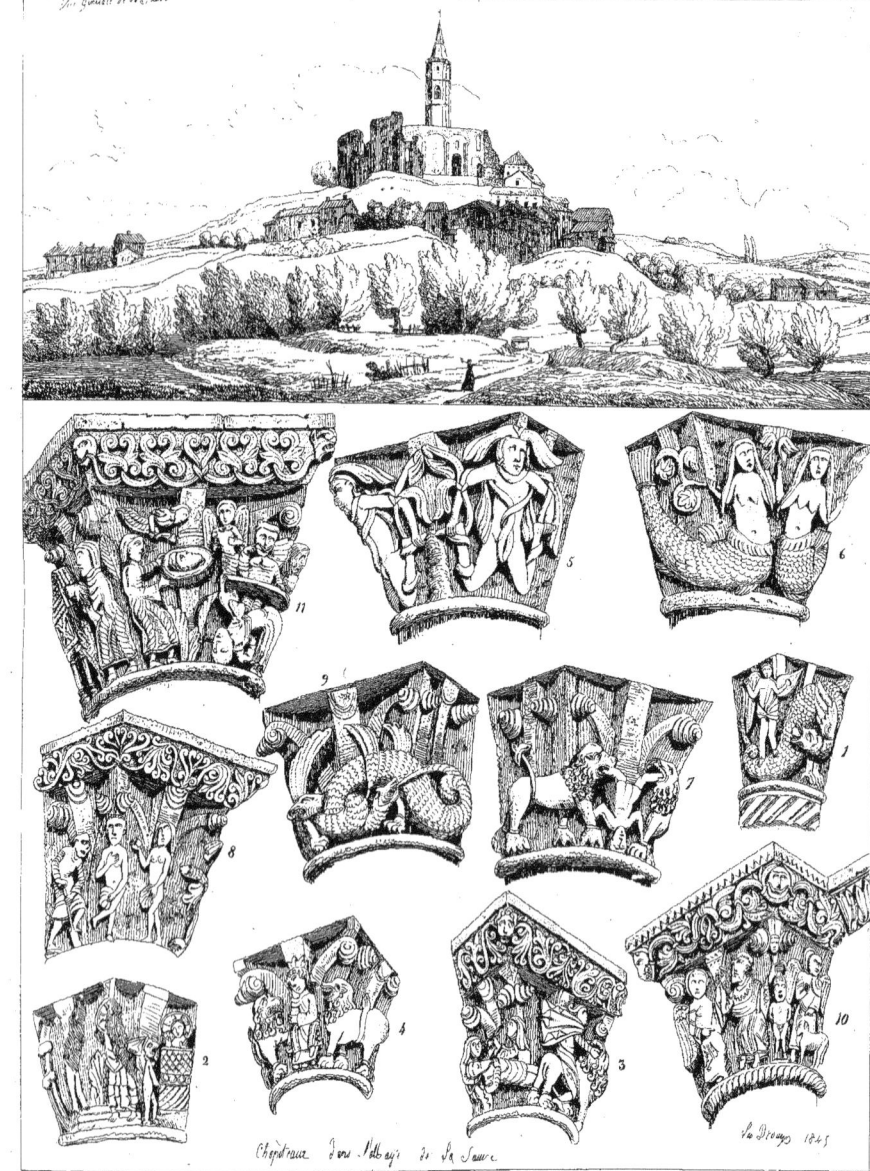

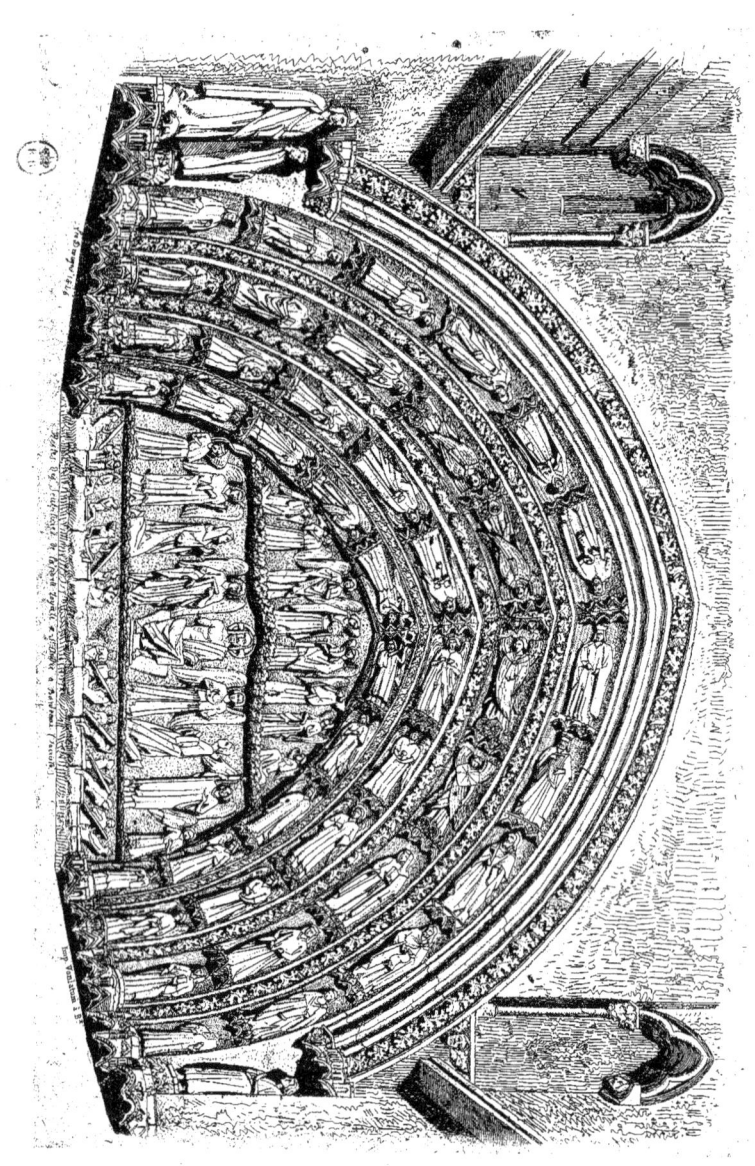

Portail nord de l'Église St André Cathédrale de Bordeaux.

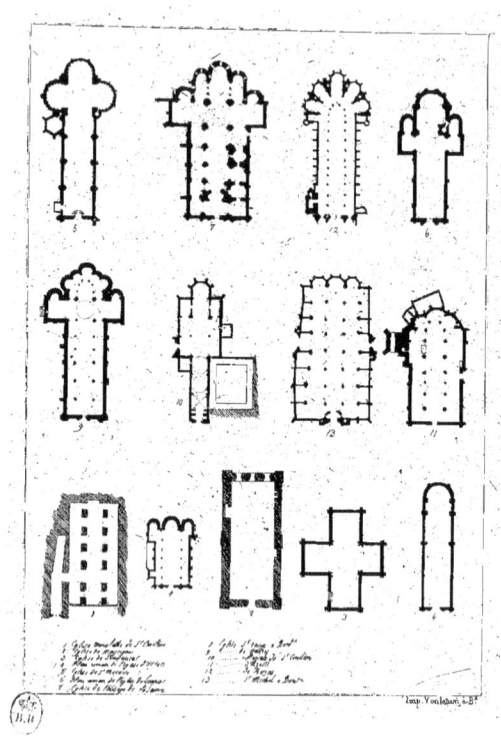

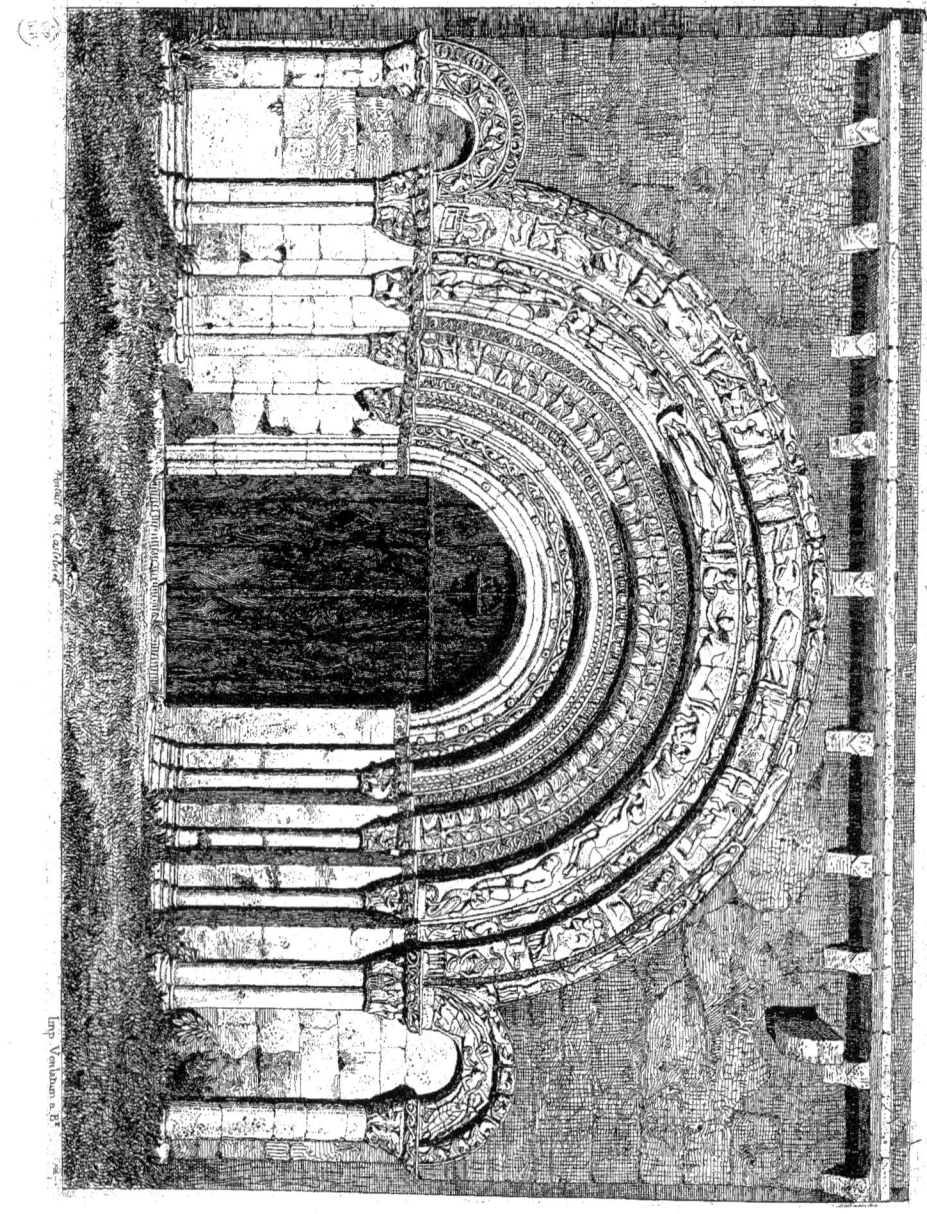

Cheminée au Château de Cavillac

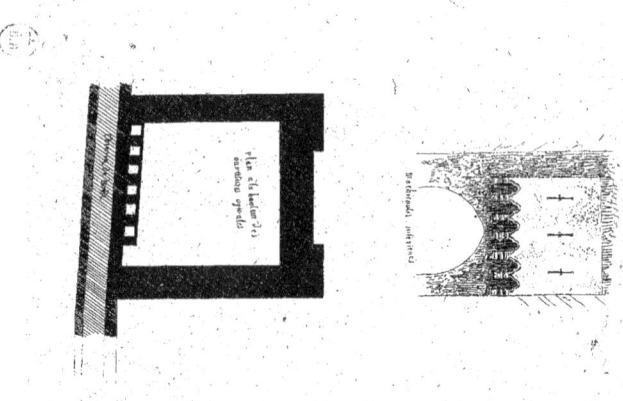

Ruine du Donjon du Château du Roi à S' Emilion

Entrée Occidentale de St Seurin à Bordeaux.

CHOIX

DES TYPES LES PLUS REMARQUABLES

DE

L'ARCHITECTURE AU MOYEN-AGE

DANS LE DÉPARTEMENT DE LA GIRONDE,

DESSINÉS ET GRAVÉS A L'EAU-FORTE

PAR LÉO DROUYN.

TEXTE PAR M. L. DE LAMOTHE,

Membre de l'Académie Royale des Sciences, Belles-Lettres et Arts de Bordeaux, Secrétaire de la Commission des Monuments Historiques du département de la Gironde, Correspondant du Ministère de l'Instruction Publique pour les Travaux historiques, etc.

> Depuis l'origine des choses jusqu'au XV.ᵐᵉ siècle de l'ère chrétienne inclusivement, l'architecture est le grand livre de l'humanité, l'expression principale de l'homme à ses divers états de développement soit comme force, soit comme intelligence.
> (VICTOR HUGO, *Notre-Dame de Paris*).
>
> ...... L'architecture..... est à la fois le commencement et le résumé de tous les arts.
> (GUIZOT, Ministre de l'Instruction publique. *Rapport au Roi du 27 Novembre 1834*).

BORDEAUX,
CHEZ L'AUTEUR, RUE DE GASC, 143.
PARIS,
A LA LIBRAIRIE ARCHÉOLOGIQUE DE VICTOR DIDRON,
PLACE SAINT-ANDRÉ-DES-ARTS, 30.
1846.

NOMS DES SOUSCRIPTEURS.

MM. Le Duc DECAZES, Grand-Référendaire de la Chambre des Pairs.
Le Baron SERS, Préfet de la Gironde, Pair de France.
GUESTIER Junior, Pair de France.
Le Marquis De LAGRANGE, Député, Membre du Comité Historique des Arts et Monuments.
WUSTENBERG, Député.
Le Marquis De CASTELBAJAC, Lieutenant-Général, Commandant la 11me Division Militaire.
Mgr. DONNET, Archevêque de Bordeaux.
ROULLET, Premier Président à la Cour Royale de Bordeaux.
F. LEROY, Préfet de l'Indre.
Louis SERS, Auditeur au Conseil d'État.
DUFFOUR-DUBERGIER, Maire de Bordeaux.
La Bibliothèque de la ville de Bordeaux.
La Mairie de Bordeaux, (*Bureau des plans*).
L'Académie de peinture de Bordeaux.
Le Vicomte D'ARMAGNAC, Lieutenant-Général.
GAUVRY, Conseiller à la Cour Royale de Bordeaux.
DESCHAMPS, Ingénieur en chef des Ponts et Chaussées.
RUELLE, Directeur des Contributions Indirectes.
La Commission des Monuments Historiques du département de la Gironde. (*Six exemplaires*).
GAUTIER, Adjoint du Maire de Bordeaux, Vice-Présid. de la Commis. des Monum. Hist.
DOSQUET, Secrétaire-Général de la Préfecture de la Gironde, Membre de la Comm. des Monum. Hist.
DUPHOT, Architecte, Membre de la Commission des Monuments Historiques du Département.
De LAFORRE, Ingénieur en chef des Ponts et Chaussées, Membre de la Comm. des Monum. Hist.
JAQUEMET, Ingénieur des Ponts et Chaussées, Membre de la Comm. des Monum. hist.
THIAC, Architecte du département, Membre de la Comm. des Monum. Hist.
ROBERT, Contrôleur des Travaux de la Ville, Corresp. de la Commis. des Monum. Hist.
L'Abbé CIROT, aumônier du Sacré-Cœur, Chanoine-Honoraire, Corresp. de la Comm. des Monum. Hist.
..., Corresp. de la Comm. des Monum. Hist.
FERBOS Fils, Correspondant de la Comm. des Monum. Hist.
De SAINT-AMANT, de l'Académie Royale des Antiquaires de France.
ALAUX, Directeur de l'Académie de peinture de Bordeaux.
Charles DES MOULINS, Membre de la Société Archéologique Française.
Jules DELPIT.
Le Comte De LACHASSAIGNE.
Le Comte De KERCADO.
Le Comte De LA MYRE-MORY.
COUREAU Fils aîné, Ingénieur-Architecte.
GIRARD, Architecte.
VALENCE, Architecte.
PERRIER, Entrepreneur de constructions.
CHAUMET, Docteur-Médecin.
DOUILLARD.
DUBOIS d'Izon.
DUCOURNEAU, Négociant.
GASCHET.
De GERVAIN.
GAUTIER, Marchand de tableaux à Bordeaux.
'OURQUEBIE (Victor).
 GRIS DE LASSALLE.
  'ELIN, professeur à l'École d'Hydrographie.
  , Notaire à Cadillac.
   'S aîné, Avoué.
    ' TRANCHÈRE.
     'EN.

      "OLD), Avoué.
       'oué à Libourne.
        ' de Sainte-Eulalie.

           Compagnie du gaz.
           urne.
           ónstructions.
           .es.

www.ingramcontent.com/pod-product-compliance
Lightning Source LLC
LaVergne TN
LVHW050626090426
835512LV00007B/694